「バーミキュラ」で豆料理

べにや長谷川商店

PARCO出版

はじめに

　昭和元年創業のべにや長谷川商店の長女に生まれ、生まれ落ちる前から、豆とともに歩んできたわけだけれども、豆に魅せられ、豆を生業に人生の折り返し地点を過ぎてしまうとはまさかの展開。人生ほんとうにどう転ぶかわからないものです。なぜにこれほど豆に心を奪われてしまったのか、今あらためて豆の魅力を自分に問うてみました。

　豆の魅力その1、キュートな美しさ。

　小さな粒に色鮮やかでさまざまな模様、自然が織りなす見事なアートに、もはやひれ伏すしかありません。

　魅力その2、生命力。

　在来種や野生種に顕著にみられる命の息吹。例えば、小豆の野生種といわれるヤブツルアズキ。一般の小豆はツル性ではありませんが、このヤブツルアズキは雑草と共生し、ほかよりもひたすら陽の光を求めてツルが伸び、8m近くまで達するものもあるといいます。雑草との競争によって、鍛えられ強くなるというわけです。

　魅力その3、おいしさ。

　完熟した豆をただ塩茹でしただけなのに、こんなにおいしいなんて！　嘘偽りのないシンプルでも圧倒的なおいしさの虜、心を奪われてしまうのです。

　そして、この豆のおいしさとエネルギーを最大限に引き出してくれたのが、バーミキュラ。

　今回、目から鱗、開眼したのは、豆ご飯！　こんなに簡単かつ、こんなにおいしく豆ご飯ができるなんて！　バーミキュラの可能性と底力を再認識いたしました。さあ Let's try！

べにや長谷川商店　長谷川清美

【本書の注意点】
○本書のレシピはすべて直径18cmのバーミキュラでつくっています。材料の分量は4人分です。
○22cmのバーミキュラでつくる場合の材料は、煮込み料理はそのままの分量で、
　それ以外は1.5倍の分量にしてください。
○本書のレシピで使う豆は、同じくらいの大きさであればほかの豆で代用できます。
○計量スプーンは大さじ1 = 15ml、小さじ1 = 5mlです。
○塩はにがり成分を含むもの、バターは食塩不使用のものを使用しています。
○茹で豆、甘煮の豆のグラム数は、乾燥豆の約2倍です。
○オーブンは家庭用電気オーブンを使用しています。

本書では基本的に18cm鍋を使用しています。22cm鍋かそれ以上大きな鍋を使う場合は、水分の分量を多めにし、調理時間も長めに見積もって豆のかたさを確認しながら調節してください。

目次

バーミキュラと豆料理……6
本書で使う豆……8

シンプル豆ごはん

ミックス豆ごはん……12
金時豆レモンごはん……12
緑豆ごはん……12
青えんどう豆梅干しごはん……12
紅大豆菜っ葉ごはん……14
鞍掛豆ごはん……14
黒豆ごはん……14
大豆バター醤油ごはん……14

豆料理の基本

基本の茹でかた……16
基本の蒸しかた……20
応用｜だしで煮る……22
応用｜甘く煮る……23

黒豆の甘煮……24

豆のおつまみ

からし味噌和え………26
ピリ辛にんにくオイル和え………26
甘酢＆のりがけ………26
ヨーグルト和え………26
桜えび和え………28
豆のナムル風………28
にんにくレモン和え………28
マヨネーズ和え………28

メインのおかず

豚バラブロックと黒豆の角煮風……30
豆ソースグラタン……32
豆ハンバーグ……34
豆ロールキャベツ 和風仕立て……36
揚げない
豆クリームコロッケ風グラタン……38
大豆でつくる焼き餃子……40
チリビーンズ……41
キャベツたっぷり
野菜カレーココナッツミルク……42
豆と野菜のサブジ……44
ベジキーマカレー……45
ダルカレー……46
和風カレーピラフ……47

ごちそう豆ごはん

お赤飯……48
乾物づくし
具だくさん炊き込みごはん……50
豆と高菜のピラフ……52
洋風炊き込みごはん……54

豆の惣菜

ビーンズキッシュ……56
青菜と蒸し豆の豆腐……58
大豆とじゃこの佃煮風……59
ベジチーズピザ マルゲリータ……60
梅風味
豆とアボカドのサラダ……61
お豆ディップ3種
　ひよこ豆ディップ（フムス）……62
　レンズ豆ディップ……62
　大豆ディップ……62

スープ・汁もの

豆のポタージュ
　オレンジのポタージュ……65
　緑のポタージュ……65
　赤のポタージュ……65
　白のポタージュ……65
具だくさんシチュー……68
豆のトマトソース煮……69
小豆のジンジャースープ……70
豆乳スープほぐし豆腐……71

さや豆の蒸し焼き

山椒香る
スナップえんどう……72
ピリ辛そら豆……72
枝豆のスパイシー蒸し焼き……72
さやいんげんの胡麻和え……72
さや豆のサラダ
タヒニソースがけ……75

豆のおやつ

緑豆餡入り焼きりんご……76
ふんわり豆ケーキ……78
豆パイ……79
フルーツグラタン……80
黒豆プディング……81
ばたばた焼き……82
お豆ぎっしり蒸しパン……84
小豆餡のガトーショコラ……85

餡（あん）

つぶ餡……86
こし餡……88
甘くない餡
　塩小豆餡……90
　小豆餡クミン風味……90
かわり餡
　洋風小豆餡……92
　緑豆餡……92
　手亡餡……92
小豆バー……94
豆豆かき氷……95

バーミキュラと豆料理
バーミキュラが豆本来の
うまみを引き出します！

もしあなたがバーミキュラを持っているなら、
ぜひ豆料理をつくってほしい。
または、豆料理をさらにおいしくつくりたいと思うならば、
断然バーミキュラです。と言いたいほどに、
豆料理とバーミキュラの相性はばっちりなのです。
バーミキュラは、日本の職人が妥協なく
心を込めてつくったメイドインジャパンの鋳物ホーロー鍋。
食材の命を活かして、食材にストレスをかけずに
調理することを念頭につくられています。
だから、豆の中心まで、じっくりとやさしく火が入っていき、
豆本来の味を最大限に引き出してくれるのです。
バーミキュラひとつで、炊く、煮る、焼く、蒸す、
オーブン調理とあらゆる調理が可能（電子レンジには使用
できません）なので、豆料理の幅もぐっと広がります。

バーミキュラはここがすごい！

遠赤外線加熱
（ホーローコーティング）

バーミキュラは、鍋全体が温まってくると、三層のホーローコーティングが強い遠赤外線を発生します。遠赤外線による加熱は、食材の組織を壊さずに内部からやさしく火が入り、食材を芯から温めることができます。

高い密閉性による
蒸気対流

食材から出た水分は蒸気になります。バーミキュラの密閉性が、この風味やうまみを含んだ蒸気をぎゅっと鍋の中に閉じ込めることで激しい蒸気の対流を起こして、食材の外側からも、しっかりと火を入れていき、さまざまな風味が一体となってまとまっていきます。

バーミキュラの取り扱い注意点

- 注 調理器具は金物は厳禁。木かシリコン製で。
- 注 取っ手やふたも熱くなるので鍋つかみは必須。
- 注 洗うときはスポンジと中性洗剤で（タワシなどでこすらない）。
- 注 洗い終わったらすぐに布巾で拭く。
- 注 豆の色が移ってしまったら、漂白剤で落とす（メラミンスポンジなどでこすらない）。

大事なのは火加減！

豆料理をおいしくつくるコツは火加減です。蒸気の出かたをようく見て、マスターしましょう。

中火

「中火」は主に調理のはじめに使います。豆ごはんを炊くときは、強めの「中火」で沸騰するまで加熱します。豆を煎ったり、食材を炒めるときや、予熱などにも使います。

> 鍋全体が温まると、蒸気が横に向かって「しゅー」と勢いよく吹き出します。

炎は鍋底にかかっています。18cm鍋では鍋の2/3くらい（22cm鍋では鍋の半分くらい）に炎がかかっています。
8段階のIHの場合、5くらい。

弱火

「弱火」は、豆を蒸したり、じっくり調理をする際の基本の火加減です。十分に鍋全体が温まったときの蒸気の出かたをよく見て調整します。弱すぎるとレシピの調理時間で仕上がらないことがあります。

> 鍋全体が温まると、蒸気が斜め上に向かって「ゆらゆら」と出続けます。

炎は鍋底に届かないくらいが目安です。
8段階のIHの場合、3くらい。

極弱火

「極弱火」は豆をコトコト煮込んだり、調理の中盤からじわじわと熱を通していくときに使います。コンロによって最も小さな火力にも差があるので、やはり蒸気の出かたをよく見ていきます。

> 鍋全体が温まると、蒸気が上に向かって「ゆらっ、ゆらっ」と出続けます。

炎はほんの少しついているくらい。
8段階のIHの場合、2くらい。

※ コンロによっていちばん弱火にしても、吹きこぼれてしまう場合は「ごはん」のレシピ以外なら、ふたを少々ずらしてもOKです。あまりにも激しく吹きこぼれるときは、ガスマットなどを使用します。その場合加熱時間は長くする必要があります。

※ 使用できる熱源は、ガスコンロ、IH調理器、ハロゲンヒーター、オーブンです。電子レンジは使用できません。

本書で使う（乾燥豆）

豆

①　黒豆（くろまめ）

黒大豆のこと。たんぱく質やアントシアニンが豊富。煮汁はそのまま飲んだりスイーツの甘みやドレッシングの材料に使いましょう。

③　紅大豆（べにだいず）

山形県川西町が登録商標を保有する在来種の希少な豆。ポリフェノールが豊富に含まれている赤い大豆。濃厚な甘みとコクが特徴です。

⑤　鞍掛豆（くらかけまめ）

馬の鞍に似ていることからこの名前がつきました。大豆の仲間で、煎ったり蒸したりして歯ごたえがあるくらいで食べると、味わい深いうまみを感じます。

②　大豆（だいず）

一般に大豆といわれている黄大豆。たんぱく質が40％近く含まれます。素揚げや茹でてお好みの調味料で和えるだけでおいしい。煎ったり蒸したり、いろんなアレンジができます。

④　青大豆（あおだいず）

きな粉や豆腐でも人気が高い。そのまま食べるとあっさりとしてほんのり甘さを感じますが、つぶすと濃厚な甘みとうまみが出ます。北海道の老齢農家では青大豆味噌がダントツ人気です。

⑥　緑豆（りょくとう）（皮あり）

インド原産で別名青小豆と呼ばれているように、小豆の親戚で、中国やアジアでは餡や豆粥にして食べられています。日本ではもやしや春雨の原料として使われていますが、豆料理に使われる歴史は浅いです。

⑦　小豆（あずき）

小豆には米や麦に少ないたんぱく質を構成するアミノ酸の組成成分が含まれているので、合理的にたんぱく質を摂取できます。腎臓の働きを助ける作用があるのでむくみが気になる人は茹で汁を飲んでみましょう。

比較的手に入りやすい豆を使いました。
大きさが同じくらいの豆なら、レシピとは違う豆でも
同じようにつくることができます。

⑧ 紫花豆（むらさきはなまめ）

きれいな赤い花が咲くので「赤花」ともいわれます。ホクホクとした食感で甘煮は昔から人気です。ケーキや蒸しパン、煮込み料理などに合います。

⑨ 白花豆（しろはなまめ）

見た目がきれいで存在感があり、食感はホクホクとしていて肉料理との相性がいいです。塩茹でをサラダや、ホワイトシチューに入れたり、茹でてマッシュしたものをコロッケにしても。

⑩ ひよこ豆

スペイン語でガルバンゾー。ぽくぽくしたその食感とおいしさからサラダにもよく使われ、ペーストにした中東料理の「フムス」は日本でも人気があります。

⑪ 金時豆（きんときまめ）

いんげん豆種の代表選手。甘煮やサラダ、チリビーンズなど、普段使いに大活躍です。赤飯の豆として使う地方もあります。

⑫ 青えんどう豆

たんぱく質、カロテンの含有量が多い。若い時期のさや豆はグリーンピース。煎り豆、甘納豆、うぐいす餡、塩煮などがポピュラー。

⑬ 赤えんどう豆

あんみつに入っている豆として有名。ぽくぽくとした食感と皮のコクが特徴。茹でてマッシュしたものをコロッケにしてもおいしい。

⑭ 手亡（てぼう）

ヨーロッパでは白いんげん豆と呼ばれ、フランスの家庭料理「カスレ」の材料です。日本では主に白餡の材料ですが、お肉や野菜と一緒に煮てスープやシチューに重宝します。

⑯ レンズ豆（皮なし）

日本で使われるようになったのは比較的最近ですが、ヨーロッパなど海外では昔からよく煮込みスープや肉料理の付け合わせに使われています。緑、茶色などもありますが、くせがなく早く煮えるオレンジ色のレンズ豆がいろいろな料理にフィットします。

⑮ 緑豆（りょくとう）（皮なし）

ムングダルのこと。緑豆は皮なしのほうがポピュラー。あっさりした味で虫がつきにくく消化もよいので、ベトナムでは緑豆餡のスイーツ、インドではお粥や離乳食に使われています。

「紅大豆菜っ葉ごはん」の炊き上がり

シンプル豆ごはん

まずはこのシンプルな豆ごはんを
つくってみてください。
とんでもなくおいしいのです！
戻した豆や、煎った豆を、お米と一緒に
入れて炊くだけです。
バーミキュラの18cmは
2合炊きのベストサイズ！
まんべんなく火が入り、
味わいのある豆ごはんが手軽にできます。

※ 22cmを使用する場合は、
　 材料の分量を1.5倍にしてください。

Point! 火加減が大事！

材料を入れて火にかけたら、少し強めの中火で沸騰するまで一気に加熱します。ここで火加減が弱いと沸騰まで時間がかかってしまい、おいしくできません。

基本的な【 豆ごはんのつくりかた 】

豆を戻す（緑豆は戻さない。大豆類は戻さずに煎る）。
※豆の戻し方は17ページ参照。
↓
米を30分浸水する。
↓
鍋に 水をきった米、豆、水（豆を戻した水）、塩を入れて **中火にかける。**
↓
沸騰したら **弱火にして3〜4分、**
蒸気がゆらゆら出ているくらいの火加減をキープ。

↓
↓
極弱火にして10分 したら火を止める。

↓
そのまま **15分蒸らす。**

シンプル豆ごはん

11ページの 基本的な【豆ごはんのつくりかた】を参照してつくりましょう。

ミックス豆ごはん

余っている豆を活用できて、
カラフルで楽しい豆ごはん。
粒の大きさが同じくらいの豆であれば
一緒に調理できます。

金時豆レモンごはん

お赤飯色のご飯に、レモンの皮の黄色が
鮮やかです。さわやかな風味で、
アジア料理や洋食にも合います。

緑豆ごはん

プチプチの緑豆の食感と、実山椒の香りが
不思議に合うのです。
東南アジアではお腹の調子が悪いときに、
皮なし緑豆(ムングダル)のお粥を食べます。

青えんどう豆梅干しごはん

若い時期のグリンピース、
乾物となった青えんどう、
どちらもごはんとの相性は抜群です。

ミックス豆ごはん
材料
ミックス豆（乾燥/手亡、青大豆、ひよこ豆）
　……合わせて50g
白米……2合
豆を戻した水……米の1.2倍
塩……小さじ1

※豆は戻す。
※仕上げに、お好みでこしょうをかける。

金時豆レモンごはん
材料
金時豆（乾燥）……50g
白米……2合
豆を戻した水……米の1.2倍
塩……小さじ1
レモンの皮（千切り）……10g
レモン（スライス）……1枚

※豆は戻す。
※仕上げにレモンの皮を混ぜる。
※器に盛り、レモンスライスをトッピングする。

緑豆ごはん
材料
緑豆（皮あり、乾燥）……50g
白米……2合
水……米の1.2倍
塩……小さじ1
実山椒（醤油漬け）……大さじ3

※緑豆は戻さない。さっと洗ってすぐ鍋へ。
※極弱火にしてから20分炊く。
　火を止めて30分蒸らす。
※仕上げに実山椒を混ぜる。
※やわらかめが好きなら緑豆を軽く
　下茹でする。

青えんどう豆梅干しごはん
材料
青えんどう豆（乾燥）……50g
白米……2合
豆を戻した水……米の1.2倍
昆布……5cm角
塩……小さじ1
梅干し（種を取り粗みじん）……30g

※豆は戻す。
※昆布を入れて炊く。
※仕上げに梅干しを混ぜる。

シンプル豆ごはん

- 大豆類（紅大豆、鞍掛豆、黒豆、大豆）は戻さずに、煎ってすぐに炊くことができます。
- 豆はさっと洗って水をきり、フライパンで中火〜弱火で表面がはじけてくるまで煎ってください。

11ページの基本的な【豆ごはんのつくりかた】を参照してつくりましょう。

紅大豆菜っ葉ごはん
東南アジアと日本の香味野菜を混ぜてエスニック風に。
長粒米だとさらに現地流のごはんとなります。

鞍掛豆ごはん
鞍掛豆と醤油は最高のコンビネーション。
水で戻さずに煎って炊くので、
豆のうまみが濃いのです。

黒豆ごはん
うまみたっぷり、栄養満点の豆ごはん。
色鮮やかな紫色の炊き上がりにほっこりします。

大豆バター醤油ごはん
でき上がりの香りが、もうたまりません！
うっすらお焦げができると、
さらにおいしさ倍増です。

紅大豆菜っ葉ごはん
材料

紅大豆（乾燥）……50g

白米……2合

水……米の1.2倍

塩……小さじ1

みつ葉（ざく切り）……15g

大葉（千切り）……6枚

パクチー（ざく切り）……20g

煎りごま（白）……大さじ2

ナンプラー……適宜

※仕上げに野菜、煎りごまを加え、混ぜる。
※器に盛り、ナンプラーをふって食べる。

鞍掛豆ごはん
材料

鞍掛豆（乾燥）……50g

白米……2合

水……米の1.2倍

塩……小さじ1/2

めんつゆ（ストレートタイプ）……大さじ2

※めんつゆも入れて炊く。

黒豆ごはん
材料

黒豆（乾燥）……50g

白米……2合

水……米の1.2倍

塩……小さじ1

煎りごま（白）……大さじ2

※仕上げに煎りごまを混ぜる。

大豆バター醤油ごはん
材料

大豆（乾燥）……50g

白米……2合

水……米の1.2倍

塩……小さじ1/2

バター……20g

醤油……大さじ1

黒こしょう（お好み）……適宜

※炊き上がったらバターを入れ、
　醤油を鍋肌から回し入れ、
　ふたをして中火で1分加熱し、蒸らす。
※器に盛り、お好みで黒こしょうをかける。

本書のほとんどの料理の基本になる、
豆の「茹でかた」と
「蒸しかた」を紹介します。

乾燥豆を茹でてから調理をする際の、基本の茹でかたです。
基本の工程は、「戻す」→「茹でる」→「蒸らす」です。
豆の種類や、ご家庭のコンロの火加減によって、茹で時間が若干変わってきますので、
お好みのかたさになるよう、確認しながら時間を調整してください。

豆の種類による茹で時間の目安

豆の種類	かため	やわらかめ
大豆系	30分	1.5〜2時間
いんげん豆系（金時豆など）	20〜30分	35〜45分
花豆（白花豆、紫花豆）	40分	50〜60分
赤えんどう豆、青えんどう豆	20分	30〜40分
ひよこ豆	20分	30〜40分
緑豆（皮あり）	15分	20〜25分
緑豆（皮なし）	−	10〜13分
レンズ豆	−	10〜15分

※ 緑豆（皮なし）、レンズ豆は、ともに皮なしなので、やわらかめの茹で時間です。
※ 小豆は、餡のレシピ参照（86ページ）。

1 戻す

材料
大豆 (乾燥)........ 100g
水 (茹で用)........ 500ml
塩........ 小さじ 1/2

豆をさっと洗って水をきり、
豆の約6倍の水（分量外）で、7〜8時間浸水する
（戻した水はとっておく）。

戻す前。大豆を戻した際に出る泡は、サポニンという栄養素なので捨ててしまわないように。

↓

Point! シワがなくなって、ふっくら

とするまで戻すことが重要です。

注. バーミキュラで豆を戻す場合は、錆び防止のため、本体とふたの接触部分に薄く食用油を塗っておきましょう。

注. 水に浸す時間が長すぎると、豆の皮が裂けやすくなるうえ、栄養素が溶け出してしまうので注意しましょう。

注. 戻さない豆もあります！
小豆と緑豆（皮あり、皮なし）、レンズ豆は戻さずにそのまま水から茹でます。

注. 古い豆や7〜8時間浸水してもシワが寄っている豆は、一度水をきり、熱湯で戻すとふっくらします。

Point! 豆を戻した水にはビタミン、食物繊維など水溶性の栄養素が溶け出しているので、捨てるのはもったいない！ 茹でる際に使いましょう。ただし、アクや渋み成分も出ているので、渋みが気になる場合は使う量をお好みで調節してください。

裏技 「戻す」時短の裏技！

◎熱湯で戻すと、短時間で戻ります。バーミキュラに湯を沸かし、沸騰したら火を止めて豆を入れ、ふたをして2〜3時間（大粒の花豆は3〜4時間）。ふっくら戻っていればOK。ただし、豆の状態により時間がかかる場合もあります。

◎大豆は0.7％の塩水で戻すと、たんぱく質のグリシニンが水に溶けて茹で時間が短縮できます。ただし、カルシウムが半減してしまうようです。

◎戻した豆は、水をきって冷凍保存できます。使う時は冷凍のまま、水を加えて茹でます。

2 茹でる

[塩茹でとは]
豆を茹でる際に少量の塩を入れてみましょう。
0.5％の塩水で茹でると、豆の糖分が引き出されて、
甘みとうまみが増すのです。
ただし、餡や甘煮をつくる場合は、塩を入れずに茹でます。

鍋に水(豆を戻した水を利用、
足りない場合は水を足す)、塩、戻した豆を入れ、
落としぶたかクッキングシートをかぶせて、
ふたをして、中火にかける。

豆がはねないように落としぶたをする。

穴をあけたクッキングシートでもOK。

蒸気が上がったら、
弱火〜極弱火にして30分以上、
好みのやわらかさになるまで
火を入れる。

火が強いときはガスマットを使う。

Point! 蒸気が「ゆらっ、ゆらっ」と出続けるくらいの火加減を保ちます。コンロによっていちばん弱火でも火が強く、激しく吹きこぼれてしまうときは、ガスマットや鉄板などを挟み、鍋に直火があたらないようにします。この場合、茹で時間がやや長くなります。ふきこぼれが気になる場合は、ふたを少しずらしてもOK。

茹で汁は活用しましょう

豆の茹で汁や煮汁には、各種ビタミン、ミネラルなどの栄養素が溶け出しているので、捨てずに使いましょう。

- スープや味噌汁、煮込み料理のだしに。
- 炊飯、パン生地づくりの水の代わりに。
- 甘煮汁は、ドレッシングや煮付け料理の砂糖代わり、スイーツのシロップに。
- 小豆の茹で汁は、煎じてむくみ取りに。
- 食器洗いに。

3 蒸らす

火を止めたら、ふたをしたまま20分くらいおく。

でき上がり。

 茹で汁が冷たくなるまで放置すると、豆の皮が締まってかたくなる場合があるので注意しましょう。

Point! ヒートキーパーがあれば使いましょう。余熱で皮がしっとりします。

豆の冷凍保存

豆の保存で理想的なのは、乾燥豆を冷凍保存する方法が、最も鮮度が保たれます。ですが、豆を料理するたびに戻したり茹でたりするのはたいへん！
100gほどを茹でたら、その日に調理する分と茹で汁を別にして、残りの豆は、フリーザーバッグなどに小分けにして冷凍保存しましょう。3〜4週間保存可能です。

無水調理で解凍

冷凍保存しておいた茹で豆を解凍する際、バーミキュラの無水調理で、一気に加熱すると、うまみを逃さず解凍できます。

1　鍋を中火で2〜3分予熱する。
2　鍋に大さじ1の水と冷凍した豆を入れ、ふたをして弱火で15分加熱。
3　火を止め、15分おく。

 自然解凍はおいしさを損なうのでおすすめできません。

豆 基本の蒸しかた

豆をバーミキュラで蒸すと、茹でた豆とはまた違った、
ぎゅっと凝縮したうまみが出ます。
特に大豆系はたんぱく質が多いので、うまみが倍増します。
色移りしない豆なら一緒に水で戻して蒸すことができます。

1 戻す

材料
A
　青大豆(乾燥)………35g
　ひよこ豆(乾燥)………35g
B
　紅大豆(乾燥)………30g

塩………ＡＢ合わせて小さじ1
水………70ml

豆はさっと洗って水をきり、
A、Bそれぞれ、6倍の水(分量外)で
7～8時間浸水する。

注! 赤い豆（紅大豆）は色移りするので別に戻しましょう。

2 蒸す

鍋に水を入れ、
その上にクッキングシートを敷く。
豆の水をきり、塩をふり、
アルミホイルに包んでおく。

蒸すときは豆は一緒でOK。

鍋にふたをして中火で加熱し、
蒸気が上がったら、豆を入れ、

隙間なくぎゅっと包む。

ふたをして弱火で40～50分蒸す。

3
放置

火を止めて、
ふたをしたまま 20 分おく。

大豆系のほかにも、金時豆などいんげん豆系の豆も、蒸し調理が可能です。ただし、豆の大きさや皮の厚さによりかたい場合があります。

注! 紫花豆、白花豆は大粒なので蒸し調理には向きません。

Point! いろいろな豆を一緒に蒸すことができるので茹でるよりも楽です。
ただし、時間が経つとかたくなってしまうので、なるべく蒸したてをいただくことをおすすめします。

蒸し豆のハーブソース和え

とっておきの蒸し豆レシピ。
お箸が止まらないおいしさです。

材料
蒸し豆（青大豆、ひよこ豆、紅大豆）
……… 合わせて 120g

《 ハーブソース 》
玉ねぎ (粗みじん)……… 1/6 個
ディル (葉をちぎる)……… 5g
バジル (葉をちぎる)………10g
レモン汁……… 大さじ 1
植物油……… 大さじ 3
塩……… 適宜

つくりかた
1 豆は蒸して、塩で味を調える。
2 《 ハーブソースをつくる 》
　植物油以外のソースの材料を合わせ、塩で味を調えたら、最後に油を入れ混ぜる。
3 ソースに豆を加えて混ぜる。

応用 — だしで煮る

和風

煎った豆を和風のだしで煮て、香ばしくて滋味深い精進スープに。

材料

大豆(乾燥)……… 50g

A ┌ 昆布……… 16g
　└ 水……… 800ml

B ┌ 醤油……… 小さじ1
　│ 酒……… 小さじ1
　└ 塩……… 小さじ1/2

つくりかた

1. Aのだしをひき、鍋に600ml入れておく。
2. 大豆をさっと洗って水をきり、フライパンで豆の表面がはじけてくるまで煎る。

3. 熱いうちに1のだしに豆を加えて点火し、ひと煮立ちしたら、Bを入れて弱火で15分くらい加熱する。

洋風

ヨーロッパの煮込みで使うブーケガルニを入れて香り豊かに。最初から肉を入れて煮込み料理にも展開できます。

材料

白花豆(乾燥)……… 100g
塩……… 小さじ1/2
ブーケガルニを入れて
　豆を戻した水……… 500ml

《ブーケガルニ》

ローリエ……… 1枚
タイム(生)……… 3枝
パセリの茎……… 3本
セロリの茎……… 1/2本
ローズマリー(生)……… 1枝

つくりかた

1. ブーケガルニの材料をタコ糸や綿の糸でくくる。豆とブーケガルニを豆の6倍の水(分量外)で7〜8時間浸水する。

2. 1の戻した水500ml(足りなければ水を足す)にブーケガルニ、塩を入れ、豆を茹でる。
3. 煮汁は、漉してスープなどに使う。

応用 ― 甘く煮る

紫花豆の甘煮

砂糖を入れるタイミングは、豆がやわらかくなってから。
煮上がってから塩を少々入れると、甘みが引き出されます。

材料
紫花豆（乾燥）……… 100g
豆を戻した水 ……… 400ml
砂糖……… 80g
塩……… ひとつまみ

つくりかた
1. 「基本の茹でかた（16ページ）」の要領で、豆を茹でる（塩は入れない）。
2. 豆がやわらかくなったら、分量の半分の砂糖を加え、弱火～極弱火で15分加熱後、残りの砂糖を加え、さらに15分加熱。火を止めたら、塩を加えて20分おく。

Point!
- 常に水がかぶっている状態をキープし、水が足りなくなったら、差し水をします。
- 加熱→火を止める→放置、を3～4回繰り返すと、さらに豆に味がしみます。

金時豆の甘煮 ―茹で豆を使う場合

素茹でした豆を甘煮にするときは、水を足して。
さっぱりとした甘さで、ついつい食べすぎてしまいます。

材料
金時豆（茹でた豆）
　……… 200g
水……… 250ml
砂糖……… 60g
塩……… ひとつまみ

つくりかた
1. 鍋に茹でた豆、水、分量の半量の砂糖を入れる。
2. 落としぶたかクッキングシートをかぶせ、ふたをしたら中火にかけ、蒸気が上がったら、弱火で10～15分加熱。吹きこぼれそうになったら、ふたを少しずらす。
3. 残りの砂糖を加え、10分加熱。仕上げに塩を加え、火を止めて20分おく。数時間おくとさらに味がしみる。

栽培種の金時豆は皮がとてもやわらかく煮崩れしやすいが、富貴豆のように少し煮崩れたほうが豆のでんぷん質が溶け出ることにより、コクが生まれる。

注！ 冷凍した茹で豆は、解凍してから使います。

裏技 煮豆の裏技！ 細切れタイムの有効活用

豆をコトコト煮るためのまとまった時間がとれないかたは、時間のあるときに、豆に火を入れる→止める→放置、を繰り返すことをおすすめします。

朝の20分、途中で15分、夕方30分火を入れるなど、細切れの時間を有効活用。急いで煮るよりもむしろふっくらきれいに仕上がり、味もよくしみ込みます。

[定番]

黒豆の甘煮

ふっくら、つやつやの関西風の黒豆煮が、失敗なくできます。
砂糖液につけることで皮切れを防ぎ、
きれいな煮上がりになりますよ。
加熱と放置の繰り返しと、かくし味の醤油が
おいしさのポイント。
このやりかたは、ほかの豆の甘煮でも応用できます。

つくりかた

1️⃣ 黒豆はさっと洗って水をきる。

2️⃣ 鍋にシロップの材料の水、砂糖、重曹を入れて中火にかける。煮立ったら火を止める。

3️⃣ 熱いうちに鉄玉、黒豆を入れて、7〜8時間浸水する。

鍋とふたの接触部分に油を薄く塗っておく(錆び防止)。

8時間後。豆にシワがなくなっていればOK。

材料

黒豆(乾燥)……… 100g
醤油……… 小さじ2/3
《シロップ》
水……… 600ml
砂糖
　……… 90g + 30g(2度目に加える用)
重曹……… 1g
(あれば)鉄玉、または錆び釘……… 適宜

※鉄玉や錆び釘の鉄成分が黒豆のアントシアニンという色素と反応することで、豆がつやつやの黒色になります。

4 落としぶたかクッキングシートをかぶせ、ふたをして、中火にかける。蒸気が上がったら、弱火〜極弱火にし、30分加熱する。
一度冷ましてから、再度点火し、残りの砂糖を加え、蒸気が上がったら弱火で30分加熱する。

冷めたときに煮汁にトロミがついていれば完成。

※ここで終えてもいいですが、これを5〜6回繰り返すと味がしみるうえに、豆の色がさらに黒くなります。

Point!

- 常に豆が煮汁につかっている状態をキープするように、水が足りなくなったら差し水をします。
- 甘みが足りなければ砂糖を加えます。
- 吹きこぼれそうになったら、ふたを少しずらします。

5 仕上げに、醤油を加えて火を止め、20分おく。数時間おくとさらに味がしみる。

Point!
冷めるときに糖分が豆に浸透するので、加熱と冷却（放置）を繰り返すことが肝要です。

裏技 ｜ 豆にシワが寄ってしまったら

原因は……
1 水が足りなかった。
2 豆の表面が水面から出ていた。
3 煮詰まった（長時間連続して火を入れたため、水が足りなくなり、糖分が豆に浸透しすぎてかたくなった）。

⬇

解決法は……

豆がかぶるくらいの水を加えて、弱火でフツフツとするまで火を入れると、豆がふっくらしてきます。
このとき味をみて、甘みが足りなければ砂糖を加え、さらに弱火で加熱します。

「煮詰める」ではなく、
「煮含める」イメージで。
Point!

豆のおつまみ

からし味噌和え

ピリ辛にんにくオイル和え

茹でた豆を調味料などで
和えるだけで、
目にも楽しいおつまみに。
豆の種類は問いません。
かために、ポリポリとした食感に
茹でること。調味料は、
豆が熱いうちに和えると、
味がよくしみます。

甘酢＆のりがけ

ヨーグルト和え

16〜19ページの「基本の茹でかた」を
参照して豆を茹でましょう。

からし味噌和え
和風和え物の定番は豆にも合います。

材料
黒豆 (乾燥)……… 100g

A
和がらし (同量の水で溶く)…… 小さじ 1/2
白味噌…… 大さじ 2
砂糖…… 大さじ 1
塩…… 少々

つくりかた
❶ 黒豆はかために塩茹でしておく。A を合わせておく。
❷ A に豆を加えて混ぜ、塩で味を調える。

甘酢 & のりがけ
なますの調味料をアレンジしてみました。

材料
鞍掛豆 (乾燥)……… 100g
焼きのり (全形)……… 1/2 枚

A
りんご酢…… 大さじ 4
砂糖…… 大さじ 2
めんつゆ（ストレートタイプ）…… 小さじ 2
塩…… 小さじ 1/2

つくりかた
❶ 鞍掛豆はかために塩茹でしておく。のりは軽く炙ってからもんでおく。A を合わせておく。
❷ A に豆、のりを加えて混ぜる。
※豆は熱いうちにタレにつけて、1 時間くらいおいたほうが味がしみておいしい

ピリ辛にんにくオイル和え
お豆版アーリオ・オーリオです。

材料
青大豆 (乾燥)……… 100g
塩…… 小さじ 1/4

A
植物油…… 大さじ 1
にんにく (つぶす)…… 1/2 片
赤唐辛子 (種を取る)…… 1 本

つくりかた
❶ 青大豆はかために塩茹でしておく。
❷ フライパンに A の材料を入れて中火にかける。にんにくが色づき、香りがしてきたら、にんにく、赤唐辛子を取り出し、豆を加えて軽く火を入れ、塩で味を調える。

ヨーグルト和え
レバノンで食べた野菜のヨーグルト和えのアレンジで。

材料
紅大豆 (乾燥)……… 100g

A
ヨーグルト…… 100ml
にんにく (すりおろし)…… 小さじ 1/4
玉ねぎ (みじん切り)…… 1/8 個
ディル (葉をちぎる)…… 3 枝
塩…… 小さじ 1/3

つくりかた
❶ 紅大豆はかために塩茹でしておく。A を合わせておく。
❷ A に豆を加えて混ぜ合わせる。

桜えび和え
いんげん豆やえんどう豆でも合う和風和え。

材料
大豆 (乾燥)……… 100g
かつお節……… 10g
桜えび……… 10g
めんつゆ (ストレートタイプ)……… 100ml

つくりかた
❶ 大豆はかために塩茹でしておく。
❷ 豆が熱いうちに、すべての材料を加えて30分くらい漬ける。

にんにくレモン和え
にんにくがアクセントになる中東風和え物。

材料
大豆 (乾燥)……… 100g
レモン汁……… 100ml
レモンの皮 (すりおろし)……… 小さじ 1/4
にんにく……… 1/2 片
塩……… 小さじ 1/2

つくりかた
❶ 大豆はかために塩茹でしておく。
❷ すべての材料を混ぜる。

豆のナムル風
ごまは、すりたてか手でもむのが本場韓国流。

材料
青大豆 (乾燥)……… 100g
すりごま (白)……… 大さじ 1

A
ごま油…… 大さじ 1
にんにく (すりおろし)…… 小さじ 1/4
塩…… 小さじ 1/2

つくりかた
❶ 青大豆はかために塩茹でしておく。A を合わせておく。
❷ A に豆を加えて混ぜ、すりごまを加え混ぜる。

マヨネーズ和え
常備している調味料を合わせてサラダ感覚でどうぞ。

材料
金時豆 (乾燥)……… 100g

A
マヨネーズ…… 大さじ 3
塩…… 小さじ 1/3
こしょう…… 適宜
レモン汁…… 小さじ 2

つくりかた
❶ 金時豆をかために塩茹でしておく。A を合わせておく。
❷ A に豆を加えて混ぜる。

豆のおつまみ

桜えび和え

豆のナムル風

マヨネーズ和え

にんにくレモン和え

メインのおかず

豚バラブロックと黒豆の角煮風

黒豆の甘煮を活用して
メインの肉料理をつくりました。
豆の煮汁がいい仕事をしてくれます。
朝つくっておくと夕食のころには
味がよくしみています。

材料

- 黒豆(乾燥)……… 70g(または黒豆の甘煮 140g)
- 豚バラブロック肉……… 400g
- 長ねぎ(青い部分)……… 1本分
- 生姜(皮付きスライス)……… 20g
- A
  - 八角(ホール)……… 1片
  - 黒糖……… 大さじ3
  - 醤油……… 90ml
  - 酒……… 100ml
  - 酢……… 大さじ2
  - 黒豆の甘煮汁……… 250ml
  - 豚の煮汁……… 250ml

《付け合わせ》
茹で卵……… 2個

つくりかた

1. 黒豆の甘煮をつくり(24ページ参照)、煮汁はとっておく。

2. 豚バラブロックを4〜5cm幅に切り、予熱した鍋に入れ、軽く焼き色がつくまで中火から弱火で加熱する。余分な脂をキッチンペーパーで拭く。

3. かぶるくらいの水(分量外)、生姜、長ねぎを入れ、中火にかけてふたをし、蒸気が出てきたら弱火で30分くらい、アクを取りながら煮る(竹串がすっと通れば OK)。

4. 豚バラに火が通ったら、煮汁をきる(後で使うので漉しておく)。

5. 4にAの調味料と煮汁を加え、落としぶたをしてふたをし、中火にかける。蒸気が出たら、弱火にしふたを開けて10〜15分煮る。

6. 茹で卵と黒豆を加え、さらに20〜30分煮る。火を止めて冷めるまでおくと卵に味がしみる(ヒートキーパーに入れて2時間程度おくとさらに味がしみる)。

豆ソースグラタン

豆と豆乳、片栗粉でホワイトソースをつくる
グルテンフリーグラタン。
野菜も蒸し煮にして、
おいしくたっぷりいただきます。

材料
《豆ソース》
手亡（乾燥）……… 80g
バター……… 20g
塩……… 小さじ1/2
こしょう……… 適宜
A ┌ 豆乳……… 300ml
　├ 水……… 300ml
　└ 片栗粉（同量の水で溶く）……… 大さじ1

《具材》
ブロッコリー（小房に分ける）……… 1/2個
にんじん（一口大）……… 1/2本
かぼちゃ（一口大）……… 1/8個
マッシュルーム（縦に半分）……… 8個
ベーコン（2cm幅）……… 100g

粉チーズ……… 適宜
塩……… 適宜（野菜蒸し用）

つくりかた

1 手亡はやわらかく塩茹でし、すりこ木やマッシャーでペースト状にする。オーブンを200℃に予熱しておく。豆ソースのAは合わせておく。

2 鍋を中火で3分予熱してから、ベーコンを炒め、脂が出てきたらかぼちゃ、にんじんを加え、大さじ2の水（分量外）と塩をふる。ふたをして、弱火で3分蒸し煮し、火を止める。ブロッコリー、マッシュルームを鍋に入れ、ふたをして15分おく。

3 フライパンで①の豆ペーストを焦げないようにバターで炒め、Aを加えトロミがついてきたら、②に入れて混ぜ、塩、こしょうで味を調える。

4 粉チーズをふり、鍋ごとオーブンに入れ、チーズに焼き色がつくまで15分くらい焼く。

メインのおかず

豆ハンバーグ

畑のお肉といわれる、
大豆でつくるベジバーグ。
舞茸やナッツ、大和芋も加えてうまみをアップ。

材料　小8個分

- **青大豆**(乾燥)……… 100g
- 舞茸(粗く切る)……… 1パック
- 玉ねぎ(粗みじん)……… 1/2個
- 植物油……… 適宜
- 塩……… 小さじ1/2

A
- 煎りピーナッツ(粗みじん)……… 50g
- 大和芋(すりおろし)……… 60g
- パン粉……… 適宜

B
- チリパウダー……… 小さじ1/8
- ナツメグパウダー……… 小さじ1/8
- 植物油……… 大さじ1/2
- 味噌……… 小さじ2
- 塩……… 小さじ1/2
- 黒こしょう……… 適宜

《照り焼きソース》
- 醤油……… 大さじ3
- 砂糖……… 大さじ3
- 酒……… 大さじ3
- 酢……… 大さじ1
- 水……… 大さじ1
- 片栗粉(同量の水で溶く)……… 大さじ1

《付け合わせ》
- レタス……… 適宜
- きゅうり(斜めスライス)……… 適宜

つくりかた

1. 青大豆はやわらかく塩茹でし、すりこ木やフォーク、マッシャーでつぶす。

2. フライパンに油をひき、舞茸、玉ねぎと塩を入れて炒める。

3. 1と2、A、Bの調味料を合わせ、冷めてから8等分して厚さ1cmほどの丸形に成形する。タネがやわらかければパン粉を加える。

4. 《照り焼きソースをつくる》
鍋に材料を入れ、混ぜたら中火～弱火にかけ、トロミがつくまで火を入れる。

5. フライパンに多めの油をひき、3を両面にこんがり焼き色がつくまで揚げるように焼く。

6. 器に盛り、野菜を添え、照り焼きソースをかける。

メインのおかず

豆ロールキャベツ和風仕立て

挽肉なしでもボリューム満点。
立派なメインのおかずになります。
トマトスープやクリームスープで
洋風に味つけすることもできます。

材料　4個分

- 大豆（乾燥）……… 100g
- 玉ねぎ（粗みじん）……… 1/4個
- 大和芋（すりおろし）……… 大さじ1
- 生姜（粗みじん）……… 10g
- 溶き卵……… 1/2個分
- 薄力粉……… 大さじ2
  - ＋キャベツにふるう用
- パン粉……… 適宜
- 塩……… 小さじ1/4
- こしょう……… 適宜
- キャベツの葉……… 大4枚
- ゆずの皮（千切り）……… 1/4個分
- 植物油……… 大さじ1

《 スープ 》
- だし汁（昆布、かつお節）……… 600ml
- 塩……… 小さじ1
- 醤油……… 大さじ1
- みりん……… 大さじ2

つくりかた

1. 大豆はやわらかく塩茹でし、すりこ木やマッシャーでペースト状にする。

2. フライパンに油をひき、玉ねぎに塩（分量外）を加え、しんなりするまで炒める。

3. 1の豆ペースト、玉ねぎ、大和芋、生姜、卵、薄力粉を混ぜ、塩、こしょうをする。水分が多ければパン粉を加え、4等分する。

4. 雪平などの鍋に湯を沸かしてキャベツの葉を入れ、1～2分茹でたら、ざるにあけて冷ます。芯の厚い部分は削ぎ、別にしておく。

5. キャベツの葉に薄力粉を茶漉しでふるい、削いだ芯、3を置き、巻く（片方を折って巻き、最後にもう片方を中に押し込んでいく）。

6. 鍋にロールキャベツを並べ、スープの材料を加え、落としぶたとふたをして中火にかけ、沸騰したら、弱火にして15分煮る。火を止めて15分おく。

7. 器に盛り、汁を注ぐ。ゆずの皮をトッピングする。

※ 6の加熱後にヒートキーパーで2～3時間保温すると、効率よく味をしみ込ませることができます。

メインのおかず

揚げない豆クリームコロッケ風グラタン

揚げなくてもクリームコロッケ
そのもののお味です。
豆のペーストと米粉でトロミをつけています。

材料

- 白花豆（乾燥）……… 100g
- 玉ねぎ（粗みじん）……… 2個
- スウィートコーン……… 40g
- ピザ用チーズ……… 60g
- 植物油……… 大さじ1（玉ねぎ炒め用）
  ＋大さじ3（ふりかけ用）
- パン粉……… 30g
- 塩……… 小さじ1/2 ＋調整用

《 ホワイトソース 》
- 牛乳……… 200ml
- 米粉……… 大さじ4
- バター……… 60g
- 塩……… 小さじ1/2
- こしょう……… 適宜

つくりかた

1 白花豆をやわらかく塩茹でし、熱いうちに3/4量をマッシュし、残りを別にしておく。オーブンを200℃に予熱しておく。

2 鍋に油をひき、玉ねぎ、塩を入れて軽く炒めたら、大さじ1の水（分量外）を加え、ふたをして中火にかける。蒸気が出てきたら、弱火にして30分、蒸し炒めする。途中で焦げていないかチェックする。

3 《 ホワイトソースをつくる 》
牛乳に米粉を加えてよく混ぜる。フライパンにバターを入れて弱火にかけ、溶けたら、米粉を溶いた牛乳と1のマッシュした豆を加え、トロミがつくまで火を通し、塩、こしょうをする。

4 2に3のホワイトソース、残りの豆、スウィートコーンを入れ、フツフツとしてきたら火を止め、塩が足りなければ塩をする。

5 4にチーズ、パン粉の順にのせ、植物油をふりかけ、鍋ごとオーブンに入れ、焦げ目がつくまで20分くらい焼く。

メインのおかず

大豆でつくる焼き餃子

お豆がはんぱに残ったら、まとめて餃子にしてしまいましょう。
大豆系以外の豆でもつくれますが、肉の代わりは大豆がおすすめ。

材料　24個分

- 大豆（乾燥）……… 100g
- 長ねぎ（白い部分　みじん切り）……… 1/4本分
- にら（みじん切り）……… 30g(1/4束)
- キャベツ（粗みじん）……… 100g(約2枚)
- A
  - にんにく（すりおろし）……… 1片
  - かつお節……… 10g
  - ごま油……… 大さじ1/2
  - 醤油……… 大さじ1/2
  - 酒……… 大さじ1/2
  - 片栗粉（同量の水で溶く）……… 大さじ1
  - 塩……… 小さじ1
- 餃子の皮……… 24枚
- 植物油……… 適宜
- お好みのタレ……… 適宜

つくりかた

1　大豆はやわらかく塩茹でし、すりこ木やマッシャーでペースト状にしたら、Aを入れて混ぜ、冷蔵庫で30分くらいおく。

2　キャベツは塩小さじ1/4(分量外)でもんで水分を出しておく。

3　1の大豆に2のキャベツ、ほかの野菜を混ぜ、24等分したら、餃子の皮に包む。

4　フライパンに油を中火で熱し、餃子を並べ、焼き目がついたら、餃子の1/4くらいの高さまで水(分量外)を入れ、ふたをして蒸し焼きする。ジリジリと音がしてきたら、ふたを開け水分を飛ばす。

チリビーンズ

お豆たっぷり、ちょっと甘めの煮込み料理。
米国テキサス州やメキシコの日常食です。

材料

- 金時豆（乾燥）……… 80g
- タイム（生）……… 2株（なければ乾燥小さじ2）
- 牛挽肉……… 200g
- 玉ねぎ（粗みじん）……… 1個
- にんにく（粗みじん）……… 1片
- クミンシード……… 小さじ2
- チリパウダー……… 小さじ1/3
- 植物油……… 大さじ1
- 塩……… 小さじ1/2(牛肉炒め用) ＋適宜
- こしょう……… 適宜
- A
  - ホールトマト……… 1缶
  - ケチャップ……… 80ml
  - トマトペースト……… 30g
  - 白ワイン……… 大さじ3
  - 豆の茹で汁……… 100ml
  - 黒糖……… 大さじ2
  - バルサミコ酢……… 大さじ3
  - オレガノ（乾燥）……… 小さじ3

《付け合わせ》
- トルティーヤチップス……… 適宜

つくりかた

1. 金時豆はタイムを入れて塩茹でし、茹で汁はとっておく。

2. 鍋に油をひいて中火にかけ、にんにく、クミンシードを入れて、香りがしてきたら肉を加え、パラパラになるまで炒め、塩、こしょうをする。

3. ②に玉ねぎと塩少々を加え、甘みが出るまで炒めたら、Aを加えてひと煮立ちさせたら弱火にして、10〜15分煮る。

4. ①の金時豆、チリパウダーを入れ、塩で味を調える。

キャベツたっぷり野菜カレーココナッツミルク

豆とキャベツがたっぷり！
汁気の少ないインドのカレー。
キャベツを煮すぎないようにするのが
ポイントです。

材料

- 手亡（乾燥）……… 80g
- キャベツ（5mm幅の細切り）……… 200g
- 筍（5mm幅の一口大）……… 120g
- ししとう（小口切り）……… 2本
- ローリエ……… 1枚
- ココナッツミルク……… 1/2カップ
- 豆の茹で汁……… 300ml
- ターメリック……… 小さじ1
- パクチー（ざく切り）……… 1株
- 塩……… 小さじ1/2（キャベツ煮用）
  ＋仕上げ用
- バター……… 20g

《仕上げ用スパイス》
- 赤唐辛子（種は取らない）……… 1本
- マスタードシード……… 小さじ1/2
- クミンシード……… 小さじ1

《付け合わせ》
- 長粒米のごはん……… 2合分

つくりかた

1. 手亡はローリエを入れてやわらかく塩茹でし、茹で汁はとっておく。

2. 鍋に豆の茹で汁、キャベツ、筍、ししとう、塩を入れて中火にかける。ターメリック、ココナッツミルクを加え、キャベツがくたっとなるまで1〜2分弱火で加熱したら、豆を加えて火を止める。

3. フライパンを熱してバター、仕上げ用スパイスを入れる。マスタードシードがパチパチと音を立ててきたら直ちにキャベツの入った鍋に入れ、塩で味を調える。

4. 器にごはんとともに盛り、パクチーをトッピングする。

メインのおかず

43

豆と野菜のサブジ

インドではポピュラーなスパイシー蒸し野菜料理。
汁気のない仕上がりにするのがポイントです。

材料

- 青えんどう豆（乾燥）……… 50g
- にんにく（粗みじん）……… 1片
- 生姜（粗みじん）……… 20g
- オクラ（半分に切る）……… 4本
- ズッキーニ（1cm幅半月切り）……… 1本
- にんじん（1cm角）……… 1/3本
- じゃがいも（一口大）……… 2個
- 水……… 100ml
- レモン汁……… 大さじ2

- クミンシード……… 小さじ1
- マスタードシード……… 小さじ1
- カレー粉……… 大さじ1
- 赤唐辛子（種は取らない）……… 1本
- 塩……… 小さじ1/2（野菜炒め用）
  　　＋仕上げ用
- 植物油……… 大さじ2

つくりかた

1. 青えんどう豆はかために塩茹でしておく。

2. 鍋に油をひき、にんにく、生姜、赤唐辛子、クミンシード、マスタードシード、カレー粉を入れ、中火にかける。パチパチと音がしてきたらじゃがいも以外の野菜を加え、軽く炒め、塩をする。

3. 水を加えて中火にし、ふたをする。蒸気が上がったら、じゃがいもを入れ、再びふたをして、やわらかくなるまで弱火で10分くらい蒸し煮する。

4. 豆を加え、ふたを開けたまま汁気を飛ばすように炒め、仕上げにレモン汁、塩で味を調える。

メインのおかず

ベジキーマカレー

挽肉の代わりに豆を使いました。
大豆系の豆ならどれでも OK。
せっかくなのでインドのバスマティライスで本格的に。

材料

- 黒豆（乾燥）……… 150g
- にんにく（粗みじん）……… 1片
- 生姜（粗みじん）……… 10g
- 玉ねぎ（粗みじん）……… 1個
- ししとう（小口切り）……… 4本
- ホールトマト……… 1缶

- クミンシード……… 小さじ1
- カレー粉……… 大さじ2
- 赤唐辛子（種を取る）……… 1本
- 練りごま（白）……… 大さじ2
- チリペッパー……… 適宜
- 塩……… 適宜
- 植物油……… 大さじ2

《付け合わせ》
- 長粒米のごはん……… 2合分

つくりかた

1. 黒豆はかために塩茹でし、粗く刻む。

2. 鍋に油をひき、赤唐辛子、にんにく、生姜、クミンシードを入れ中火にかける。香りがしてきたら、玉ねぎ、塩を入れ、玉ねぎが薄く色づくまで、中火〜弱火で炒める。

3. ししとう、ホールトマト、1の豆を加え、汁気が少し残るくらいまで加熱する。

4. 練りごま、カレー粉、塩を加え、中火でひと炒めする。

5. 器にごはんを盛ってカレーをかける。チリペッパーを加え、塩が足りなければふる。

ダルカレー

インドではまさに日本の味噌汁的存在で、
毎食欠かせません。
皮なし緑豆（ムングダル）は戻さずに
水から一気に煮ます。

材料

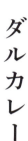
緑豆(皮なし、乾燥)……… 100g
にんにく(粗みじん)……… 1片
トマト(1cm角)……… 1/2個
ターメリック……… 小さじ1
チリペッパー……… 小さじ1/2
塩……… 小さじ1＋仕上げ用
水……… 豆の5倍
A ┌ 赤唐辛子(種は取らない)……… 1本
  │ クミンシード……… 小さじ1
  └ バター……… 20g

《付け合わせ》
長粒米のごはん……… 2合分

つくりかた

1 緑豆を軽く洗い、鍋に豆、水、塩を入れてふたをし、中火にかける。

2 蒸気が上がったら、にんにく、トマト、ターメリック、チリペッパーを入れ、弱火にし、豆がやわらかくなるまで(沸騰後約15分)煮る。途中水が足りなくなったら差し水をする。吹きこぼれに注意。

3 別のフライパンに、Aを入れて中火にかけ、パチパチと音がしてきたら、直ちに2に入れてひと混ぜし、火を止める。塩で味を調え15分おく。

4 器にごはんを盛ってカレーをかける。

和風カレーピラフ

― メインのおかず

すべての材料を鍋に入れて炊くだけで、
ボリューミーなピラフができます。
さすがバーミキュラ!
鍋いっぱいのごはんでもしっかり火が入ります。

材料
- 大豆(乾燥)……… 50g
- 長粒米(日本米でも可)……… 2合
- 水(しいたけの戻し汁含む)……… 480ml
- カシューナッツ……… 30g
- 玉ねぎ(粗みじん)……… 1/2個
- にんにく(すりおろし)……… 1片
- 生姜(すりおろし)……… 10g
- にんじん(粗みじん)……… 1/4本
- 干ししいたけ(水で戻してスライス)……… 2個
- 昆布……… 5cm角
- オリーブオイル……… 大さじ1
- 塩……… 小さじ1
- 黒こしょう……… 5粒
- カレー粉……… 大さじ3

《仕上げ》
- 醤油……… 大さじ1
- パクチー(1cm幅)……… 1株

つくりかた

1 大豆は水で戻しておく。

2 仕上げの材料を除く、すべての材料を鍋に入れてひと混ぜし、ふたをして中火にかける。

3 蒸気が上がったら、弱めの中火で5〜6分炊く。

4 その後、弱火で15分炊き、最後に、醤油を鍋肌から回し入れ、中火で1分くらい火を入れて止める。ふたをして15分蒸らす。

5 パクチーを加え混ぜる。

ごちそう豆ごはん

お赤飯

家でつくるお赤飯は格別においしいので、
ぜひつくってほしい。
バーミキュラならふかし時間が
半減するのでハードルが下がります。

ⓐ

ⓑ

ⓒ

材料

小豆（乾燥）........ 40g
水........ 豆の6倍
小豆の茹で汁........ 700ml
もち米........ 2合
塩水（塩分5％）........ 水80ml＋塩 小さじ2/3
煎りごま（黒）........ 適宜

つくりかた

1　小豆はかために茹でる（戻さずに、水から一気に30〜40分茹でる）。茹で汁はとっておく。

2　もち米を洗い、小豆の茹で汁に6〜7時間つけておく（茹で汁が足りない場合は水を足す）。

3　鍋にクッキングシートを敷き、蒸し器をセットする。ⓐ
蒸し器の上に布巾を敷いて、水400ml（分量外）を入れて沸かし、沸騰したら水をきった2のもち米を入れる。ⓑ
ふたをして中火で15分ふかす。

4　ふかし上がったら直ちにボウルにあけ、熱いうちに塩水をかけながら米を切るように混ぜ、小豆を加えてざっくり混ぜる。

5　蒸し器の上に再び布巾を敷いて4を入れる。鍋に水400ml（分量外）を再度沸かし、沸騰したら蒸し器を鍋に戻し、15分中火でふかす。ⓒ

6　ふかし上がったら、飯台かクッキングシートを敷いたボウルにあけ、濡れ布巾をかけて冷ます。

7　器に盛り、煎りごまをふる。

乾物づくし 具だくさん炊き込みごはん

海の乾物と陸のお豆の大共演！
だしのうまみがたっぷりと味わえる
豪華な炊き込みごはん。

材料

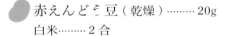
赤えんどう豆(乾燥)………20g
白米………2合

干し貝柱……2個
干しえび……15g
豆と干し貝柱、干しえびを戻した水
　………米の1.2倍
切り干し大根(2cm)………20g
　※切り干し大根は戻さず使う
ひじき………3g
塩………小さじ1/4
醤油………小さじ2
桜えび………10g

つくりかた

1 赤えんどう豆と干し貝柱、干しえびをそれぞれ水で戻しておく（戻した水はとっておく）。ひじきを水で戻しておく。米を洗い、30分浸水する。

2 鍋に米、豆、水をきった乾物、豆と乾物を戻した水、塩と醤油を入れたらひと混ぜし、ふたをして中火にかける。沸騰したら3〜4分、弱火で蒸気がゆらゆら出ているくらいの火加減をキープ。

3 極弱火にして10分加熱し、火を止めて15分蒸らす。

4 桜えびを入れざっくり混ぜる。

ごちそう豆ごはん

豆と高菜のピラフ

香ばしいごま油の香りが食欲をそそります。
発酵が進んで酸っぱくなった漬け物は、
水で洗って使いましょう。

材料

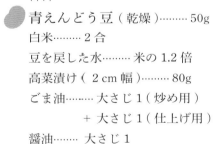
青えんどう豆(乾燥)………50g
白米………2合
豆を戻した水………米の1.2倍
高菜漬け(2cm幅)………80g
ごま油………大さじ1(炒め用)
　　　　　＋大さじ1(仕上げ用)
醤油………大さじ1
塩………適宜(高菜の塩加減による)

つくりかた

1. 青えんどう豆は水で戻しておく(戻した水はとっておく)。米を洗い、30分浸水する。

2. 高菜をごま油で炒め、醤油を回し入れる。

3. 鍋に水をきった米、高菜、豆と豆を戻した水、塩を入れ、ふたをして中火にかける。沸騰したら、3〜4分、弱火で蒸気がゆらゆら出ているくらいの火加減をキープ。

4. 極弱火にして10分加熱し、火を止めて15分蒸らす。

5. 炊き上がったごはんに、ごま油を混ぜる。

ごちそう豆ごはん

洋風炊き込みごはん

ウズベキスタンの伝統料理、プロフ風。
結婚式には欠かせないハレの日のごはんです

材料

- ひよこ豆（乾燥）……… 30g
- 白米（長粒米）……… 2合
- 牛ブロック肉……… 200g
- にんにく（つぶす）……… 1片
- 玉ねぎ（粗みじん）……… 1/2個
- にんじん（3cm長さの細切り）……… 1/2本
- 青唐辛子（小口切り）……… 2本
- レーズン……… 60g
- 水（豆の戻し汁含む）……… 380ml
- 植物油……… 大さじ1（牛肉用）
  ＋大さじ2
- 塩……… 小さじ1/2（玉ねぎ炒め用）
  ＋調整用
- こしょう……… 適宜
- カレー粉……… 大さじ2
- ディル（葉をちぎる）……… 3枝
- パクチー（3cm長さ）……… 2株
- A
  - クミンシード……… 小さじ2
  - カルダモン（ホール）……… 2粒
  - 八角（ホール）……… 1片
  - クローブ（ホール）……… 1個

つくりかた

1. ひよこ豆は水で戻しておく（戻した水はとっておく）。

2. 牛肉は塩（分量外）、こしょうをし、5〜6分おき、一口大に切る。

3. 鍋に油を熱し、牛肉を焼き色がつくまで焼いて、いったん取り出しておく。同じ鍋に油を足し、Aを入れて香りがしてきたらにんにく、玉ねぎ、塩を加え、玉ねぎが色づくまで炒める。

4. 洗って水を切った米、青唐辛子、にんじん、豆を加えて炒める。

5. カレー粉、3の肉、レーズン、水を加え、塩で味を調える。

6. ふたをして最初中火、沸騰したら弱火で5分、その後極弱火で15〜20分炊く。炊き上がったら、15分蒸らす。

7. 仕上げにパクチーを混ぜたら器に盛り、ディルをトッピングする。お好みでレモン汁（分量外）をかけてもよい。

ごちそう豆ごはん

豆の惣菜

ビーンズキッシュ

残った豆、余った野菜、肉など、
なんでも具材に使えるので
冷蔵庫整理におすすめのレシピ。

材料

 ミックス豆
（乾燥/手亡、青えんどう豆、ひよこ豆）
　……… 合わせて 80g
玉ねぎ（粗みじん）……… 1/2 個
プチトマト（縦半分に切る）……… 6 個
ベーコン（1cm 角）……… 100g
卵……… 2 個
牛乳……… 100ml
ピザ用チーズ……… 30g
塩……… 小さじ 1/4（炒め用）
　　＋小さじ 1/8（卵液用）
こしょう……… 適宜
クラッカー（塩味）……… 100g
バター……… 20g

つくりかた

1️⃣ 豆は蒸しておく（20 ページ参照）。鍋にクッキングシートを敷き、粗く砕いたクラッカーを敷き詰めておく。オーブンを 200℃に予熱しておく。

2️⃣ フライパンを熱してベーコンを炒め、色づいて脂が出てきたらバター、玉ねぎを入れ、しんなりするまで炒める。塩、こしょうで味を調える。

3️⃣ ボウルに卵を割りほぐしたら、2️⃣と牛乳、チーズ、豆を混ぜ、塩、こしょうで味を調える。

4️⃣ 鍋に3️⃣を流し、プチトマトをのせ、オーブンで焼き目がつくまで 20 〜 30 分焼く。

5️⃣ 焼けたら、鍋から取り出しカットする（冷めてから切ると崩れにくい）。

青菜と蒸し豆の豆腐

材料
- 青えんどう豆（乾燥）……… 80g
- ほうれん草……… 30g
- みつ葉……… 10g
- 豆乳（成分無調整）……… 500ml
- A [にがり……… 小さじ1
    ぬるま湯……… 35ml]
- 醤油……… 適宜
- 塩……… 適宜
- オリーブオイル……… 適宜
- ごま油……… 適宜

《薬味》
- 大葉（千切り）……… 適宜
- みょうが（粗みじん）……… 適宜
- 万能ねぎ（小口切り）……… 適宜
- パクチー（ざく切り）……… 適宜

鍋でつくる具だくさんおぼろ豆腐。
調味料や香味野菜で和風、中華、エスニック、イタリアンに様変わり。

つくりかた

1. 青えんどう豆は蒸しておく（20ページ参照）。

2. Aを合わせておく。ほうれん草は湯がき、2cmの長さに切っておく。みつ葉はざく切りにしておく。

3. 鍋に豆乳を入れて80℃くらいまで温め、具材の野菜と豆を入れる。70〜80℃の温度で、Aを加えて軽く混ぜ、ふたをして15分くらいおく。

4. お好みの調味料、薬味をつけて食べる。

大豆とじゃこの佃煮風

箸休めに、お弁当に、
つくりおきしておきたい一品。
煎った大豆を使うと香ばしさが増します。

材料
- 大豆（乾燥）……… 100g
- じゃこ……… 80g
- 煎りごま（白）……… 小さじ2
- 実山椒（醤油漬け）……… 小さじ2
- A
  - 醤油……… 70ml
  - みりん……… 小さじ5
  - 酒……… 小さじ4
  - 砂糖……… 小さじ2

つくりかた

1. 大豆はかために茹でておく。Aを合わせておく。

2. 鍋に大豆、じゃこ、Aを入れ、ふたをして中火にかける。

3. 蒸気が上がったら、ふたを開け、弱火で汁気がなくなるまで火を入れる。最後に実山椒を混ぜる。

4. 仕上げに、煎りごまを混ぜる。

ベジチーズピザ マルゲリータ

小腹が空いたときにぴったり、豆のピザ。
完熟トマトでつくるソースは
絶品なのでぜひお試しあれ。

材料　20cm 2枚分
- ひよこ豆（乾燥）……… 60g
- ピザ生地……… 2枚
- ピザ用チーズ……… 100g
- バジルの葉（トッピング）……… 適宜

《トマトソース》　※つくりやすい量
- トマト（すりおろす）……… 3個
- にんにく（粗みじん）……… 1片
- 塩……… 小さじ1/2 ＋ 調整用
- こしょう……… 適宜
- オリーブオイル……… 大さじ1

つくりかた

1　ひよこ豆はやわらかく塩茹でしておく。オーブンを200℃に予熱しておく。

2　鍋にトマトソースのオリーブオイル以外の材料を入れて混ぜ、中火～弱火でトロミがつくまで煮つめる。塩で味を調整しオリーブオイルを加え火を止める。

3　ピザ生地の上に2のトマトソース、豆、チーズの順にのせ、オーブンで20分焼く。

4　バジルの葉をトッピングする。

梅風味 豆とアボカドのサラダ

梅風味のさっぱり和風仕立て。
アボカドサラダに大豆を加えて、
ボリュームとうまみをアップ。

材料

- 紅大豆（乾燥）……… 25g
- アボカド（2cm角）……… 1個
- かぶ（縦8等分）……… 2個
- 植物油……… 小さじ2
- A
  - 梅干し（たたく）……… 2個
  - わさび……… 小さじ1
  - 醤油……… 小さじ2

つくりかた

1. 紅大豆はかために塩茹でしておく。

2. ボウルにAを合わせたら、油以外の材料をすべて加えて和え、仕上げに油を混ぜる。

豆の惣菜

ひよこ豆ディップ

大豆ディップ

レンズ豆ディップ

お豆ディップ3種

野菜やクラッカーにのせたり、
サンドイッチにしたり、
つくっておけば何かと役に立つ
お豆のディップをご紹介。

ひよこ豆ディップ
（フムス）

**中東発祥のフムスは今やグローバルフード。
栄養価が高く低カロリー、
おまけにつくるのが簡単です。**

材料

ひよこ豆 (乾燥)........ 100g
A ┌ にんにく (すりおろし)........ 1/4 片
　├ 練りごま (白)........ 大さじ 1/2
　├ レモン汁........ 大さじ 1/2
　├ 豆の茹で汁または水........ 大さじ 1
　├ チリペッパー........ 少々
　└ 塩........ 小さじ 1/2 ＋ 調整用
オリーブオイル........ 大さじ 1/2

つくりかた

1 ひよこ豆をやわらかく塩茹でする。

2 フードプロセッサーにAと豆を入れ撹拌する。かたければ茹で汁か水を足す。塩で味を調整したら、オリーブオイルを加え、もう一度撹拌する。

※平皿に盛り、渦巻き模様にして溝にオリーブオイルを注ぎ、チリペッパーをふりかける、というのが盛り付けの定番です。

――豆の惣菜

レンズ豆ディップ

皮なしレンズ豆は水で戻さず、
水から一気に茹でます。
加熱時間10分の時短豆料理。
クミンとバターでコクのあるディップに。

材料
レンズ豆 (皮なし、乾燥)……… 100g
バター……… 30g
クミンシード……… 小さじ1
塩……… 小さじ1/2 ＋仕上げ用
水……… 豆の4倍

つくりかた
① レンズ豆は水で戻さない。鍋に豆と水を入れてやわらかくなるまで塩茹でする (沸騰後、弱火で約10分加熱)。途中水が足りなくなったら差し水をする。

② 湯をきり、粗熱が取れたらフードプロセッサーで撹拌する。かたければ豆の茹で汁か水（分量外）を足す。

③ フライパンにバター、クミンシードを入れ、クミンが薄く色づき香りがしてきたら、②のディップに加え塩で味を調える。

大豆ディップ

ちょっと甘めの和風フムス。
ひよこ豆の食感に近い仕上がりになります。

材料
大豆 (乾燥)……… 100g
クリームチーズ……… 50g
カシューナッツ (粗く砕く)……… 20g
はちみつ……… 大さじ2
塩……… 小さじ3/4 ＋仕上げ用
こしょう……… 適宜
豆の茹で汁または水……… 大さじ5

つくりかた
① 大豆をやわらかく塩茹でしておく。

② フードプロセッサーにクリームチーズ、はちみつ、豆、塩、豆の茹で汁または水を入れ撹拌する。かたければ茹で汁か水を足す。

③ 最後にカシューナッツを混ぜ、塩、こしょうで味を調える。

オレンジのポタージュ
赤のポタージュ
緑のポタージュ
白のポタージュ
豆のポタージュ

スープ・汁もの

オレンジのポタージュ

玉ねぎ、にんじんは弱火でしっかり蒸し煮、
パプリカは皮が焦げるまで焼くことで
うまみと甘みの濃いポタージュに。

材料
- レンズ豆 (皮なし、乾燥)……… 100g
- オレンジパプリカ……… 1個
- にんじん (粗みじん)……… 1本
- 玉ねぎ (粗みじん)……… 1個
- 豆の茹で汁または水……… 200ml
- 植物油……… 大さじ1
- バター……… 30g
- 塩……… 適宜
- 粗挽き黒こしょう……… 適宜

つくりかた

1　レンズ豆はやわらかく塩茹でする。茹で汁はとっておく。

2　パプリカは表面が焦げるまで焼き、皮をむく。

3　鍋に油を熱し、にんじん、玉ねぎをしんなりするまで炒めたら、弱火にし、ふたをして15分くらい火を入れる。

4　パプリカ、豆、豆の茹で汁か水を加え、ひと煮立ちしたら火を止める。粗熱が取れたらフードプロセッサーで撹拌する。

5　鍋に戻し入れてバターを加え、ひと煮立ちさせたら、塩で味を調える。

6　器に盛り、粗挽き黒こしょうをふる。

緑のポタージュ

冷たくしても、ホットでも
体にやさしいポタージュ。
小松菜の代わりにほうれん草でもつくれます。

材料
- 青えんどう豆 (乾燥)……… 80g
- 小松菜……… 1束
- 玉ねぎ (粗みじん)……… 1個
- 赤唐辛子 (種を取る)……… 1本
- ごま油……… 大さじ1 + トッピング用
- 塩……… 小さじ 3/4 + 調整用
- 昆布だし……… 400ml

つくりかた

1　青えんどう豆はやわらかく塩茹でする。

2　小松菜はさっと湯がき、2cm幅に切る。

3　鍋にごま油、赤唐辛子を入れ、唐辛子が色づいたら取り出す。玉ねぎと塩、大さじ1の水 (分量外) を加え、甘みが出るまで、ふたをして弱火で15分くらい蒸し煮する。

4　小松菜、豆、だし汁を加えてひと煮立ちしたら、塩で味を調え火を止める。粗熱が取れたらフードプロセッサーで撹拌する。

5　鍋に戻し入れて温め直して器に盛り、ごま油をひとふりする。

赤のポタージュ

スペインの夏の冷たいスープ、ガスパッチョ。
きゅうり、玉ねぎなどを加えたり、
バジル、ミントなどの
ハーブをトッピングしてもおいしい。

材料
- 白花豆（乾燥）……… 40g
- トマト（乱切り）……… 3個
- 赤パプリカ……… 200g
- セロリ（乱切り）……… 150g
- にんにく（すりおろし）……… 1/4片
- 赤ワインビネガー……… 小さじ4
- オリーブオイル……… 小さじ2＋仕上げ用
- 塩……… 小さじ1
- 水……… 90ml

※トマトは完熟を使用。
　にんにくは入れなくてもよい。

つくりかた

1 白花豆はやわらかく塩茹でしておく。パプリカは表面が焦げるまで焼き、皮をむく。

2 トマト、パプリカ、セロリに塩をふり、水分が出てくるまで15分くらいおく。

3 オリーブオイル、にんにく、トマト、パプリカ、セロリをフードプロセッサーで撹拌する。

4 赤ワインビネガーと水を加え、冷蔵庫で冷やす。

5 器に盛り、白花豆をトッピングし、お好みでオリーブオイルをふりかける。

白のポタージュ

豆乳、昆布だし、白味噌の
コンビネーションで懐石風に。
白花豆の代わりに手亡、
大福豆など白い豆ならどれでも可。

材料
- 白花豆（乾燥）……… 100g
- 玉ねぎ（粗みじん）……… 1個
- 豆乳……… 200ml
- 昆布だし……… 300ml
- 白味噌……… 大さじ2
- 植物油……… 大さじ1
- 塩……… 適宜
- こしょう……… 少々

つくりかた

1 白花豆はやわらかく塩茹でしておく。

2 鍋に油をひいて玉ねぎと塩少々を軽く炒めたら、大さじ1の水（分量外）を加え、ふたをして弱火で15分くらい蒸し煮する。

3 だし汁を加え、ひと煮立ちしたら火を止める。粗熱が取れたら白味噌、白花豆を加えフードプロセッサーにかける。

4 鍋に戻し入れて豆乳を加え、ひと煮立ちしたら、塩、こしょうで味を調える。

スープ・汁もの

具だくさんシチュー

豆と野菜がたっぷりの具だくさん。
豆ペーストでコクとトロミを出します。
サワークリームとレモンの酸味が決め手。

材料
- 手亡（乾燥）……… 70g
- 玉ねぎ（粗みじん）……… 2個
- じゃがいも（一口大）……… 2個
- ローリエ……… 1枚
- 豆の茹で汁まはた水……… 300ml
- 塩……… 小さじ1（玉ねぎ炒め用）
  　＋調整用
- 植物油……… 大さじ1
- 赤パプリカ（1cm角）……… 1/2個
- セロリ（1cm角）……… 1/2本
- こしょう……… 適宜
- レモン汁……… 適宜
- サワークリーム……… 適宜

つくりかた

1　手亡はやわらかく塩茹でして、半分をペーストにしておく（豆の茹で汁はとっておく）。

2　鍋に油を熱し、玉ねぎ、塩を入れて炒め、大さじ1の水（分量外）を加え、ふたをして弱火で20分蒸し煮する。

3　豆の茹で汁か水、ローリエ、じゃがいもを入れ、じゃがいもが八分通り煮えたら、ほかの野菜を入れ、弱火で5〜6分加熱する。

4　豆のペーストを加え、ひと煮立ちしたら、残りの豆を入れ、塩、こしょうで味を調える。

5　器に盛り、レモン汁をかけ、サワークリームをのせて食べる。

豆のトマトソース煮

材料

- 赤えんどう豆（乾燥）……… 60g
- ホールトマト……… 1缶
- ブロッコリー……… 150g
- 豚バラ薄切り肉（3cm幅）……… 200g
- 玉ねぎ（粗みじん）……… 1個
- にんにく（粗みじん）……… 1片
- マッシュルーム（スライス）……… 200g
- トマトペースト……… 大さじ2
- ローリエ……… 1枚
- タイム（乾燥）……… 小さじ2
- 豆の茹で汁または水……… 100ml
- 植物油……… 大さじ1
- 塩……… 小さじ1/2（野菜用）＋仕上げ用
- チリペッパー……… 適宜
- こしょう……… 適宜

豚バラ、トマトペーストでコクを出します。
豚バラは油をひかずに、
脂を引き出しながら炒めることが大事。

つくりかた

1　赤えんどう豆はタイムを入れて塩茹でする。豆の茹で汁はとっておく。

2　ブロッコリーは小房に分け、かためにゆでておく。

3　鍋を温めて豚バラを炒め、塩適宜（分量外）、こしょうをし、いったん取り出す。同じ鍋に、にんにく、油を入れて中火にかけ、香りがしてきたら玉ねぎ、マッシュルーム、塩、水大さじ1（分量外）を加え、玉ねぎの甘みが出るまで、ふたをして弱火で15分蒸し煮する。焦げそうになったら、水少々（分量外）をふる。

4　豆の茹で汁か水、ホールトマト、トマトペースト、ローリエ、肉を加え、15分くらい煮込んだら、豆、ブロッコリーを加え、塩、チリペッパーで味を調える。

スープ・汁もの

小豆のジンジャースープ

スパイシーに仕上げたエスニック風スープ。
生姜をたっぷり入れるのがポイント。
体を温めます。
ココナッツミルクを加えてもおいしい。

材料

- 小豆（乾燥）……… 100g
- 玉ねぎ（粗みじん）……… 2個
- 生姜（千切り）……… 20g
- にんにく（粗みじん）……… 1片
- パクチー（2cm幅）……… 3本
- 豆の茹で汁または水……… 400ml
- 塩……… 適宜
- カレー粉……… 大さじ2
- クミンシード……… 小さじ1
- クミンパウダー……… 小さじ1
- 植物油……… 大さじ3
- バター……… 20g

つくりかた

1 小豆は戻さずに、塩茹でする。豆の茹で汁はとっておく。

2 鍋に油、にんにくを入れて中火にかけ、香りがしてきたら、玉ねぎ、大さじ1の水（分量外）、塩を加え、ふたをして弱火で20分蒸し炒めする。

3 豆の茹で汁か水、生姜を入れ、ひと煮立ちさせる。

4 フライパンにバター、クミンシード、カレー粉を入れて中火にかけ、香りがしてきたら、3に入れ、豆とクミンパウダーを加え塩で味を調える。

5 器に盛り、パクチーをトッピングする。

豆乳スープ ほぐし豆腐

青大豆×豆乳×豆腐、大豆3兄弟が奏でる
上品な仕上がりの和風スープ。
粉山椒がアクセントに。

材料

- 青大豆（乾燥）……… 100g
- 長ねぎ（斜めスライス）……… 1/2本
- だし汁（昆布、かつお節）……… 200ml
- 絹ごし豆腐……… 150g
- 塩……… 小さじ1/3
- 粉山椒……… 適宜
- A
  - 豆乳……… 200ml
  - 練りごま（白）……… 大さじ1
  - 白味噌……… 小さじ2

つくりかた

1 青大豆は塩茹でする。すり鉢にAの練りごま、白味噌を入れ、豆乳を少しずつ加え混ぜ合わせておく。

2 鍋にだし汁、長ねぎを入れて中火にかけ、ひと煮立ちしたら、絹ごし豆腐を一口大に手でほぐし加える。

3 豆とAを加え、塩で味を調える。

4 器に盛り、粉山椒をふる。

さや豆の蒸し焼き

山椒香るスナップえんどう

ピリ辛そら豆

枝豆のスパイシー蒸し焼き

さやいんげんの胡麻和え

豆は乾燥豆だけでなく、
若い豆は野菜としていただきます。
バーミキュラでさやごと蒸し焼きにして
おいしさを閉じ込めます。
色鮮やかに、シャキシャキ食感を残すように
火入れをするのがポイント。

ピリ辛そら豆

レモン汁とにんにくのタレは、
中東、中央アジアでは定番。
七味唐辛子を加えちょっと和風に。

材料

そら豆(さや付き)……… 5本
水……… 大さじ2

《タレ》
七味唐辛子…… 少々
レモン汁…… 大さじ2
にんにく(すりおろし)…… 1/4片
塩…… ひとつまみ

つくりかた

1 鍋を中火で2〜3分温めたらいったん火を止め、洗ったそら豆、水を入れ、ふたをして弱火で5分加熱する。タレの材料を合わせておく。

2 さやから取り出し、タレをつけて食べる。

山椒香るスナップえんどう

醤油と山椒の好相性が、
That's Japan !

材料

スナップえんどう……… 200g

《タレ》
めんつゆ(ストレートタイプ)
　…… 大さじ2
粉山椒…… 少々

つくりかた

1 スナップえんどうは洗い、筋があれば取る。タレの材料を合わせておく。

2 鍋を中火で2〜3分温めたらいったん火を止め、スナップえんどうを入れ、ふたをして弱火で3分加熱する。

3 タレをかける。

枝豆のスパイシー蒸し焼き

さやのままスパイスで和えてビールのおつまみに。
インドのさや豆料理からヒントを得ました。

材料

枝豆……… 1パック 約200g
塩……… 小さじ1

《タレ》
ガラムマサラ…… 小さじ1
レモン汁…… 小さじ1
塩…… 小さじ1/4

つくりかた

1 鍋を中火で2〜3分温めたらいったん火を止め、洗った枝豆を入れ塩をふり、ふたをして弱火で10分加熱する。 ⓐ → ⓑ
タレの材料を合わせておく。

2 さやをはずさず、タレをからめる。

ⓐ

ⓑ

さやいんげんの胡麻和え

さやいんげんは、性根あるさや豆なので、
ほかのさや豆よりも少し長く火を入れましょう。

材料

さやいんげん……… 200g
水……… 大さじ1

《タレ》
煎りごま(黒)…… 大さじ4
砂糖…… 大さじ2
醤油…… 大さじ2
塩…… ひとつまみ

つくりかた

1 さやいんげんは洗い、筋があれば取り、3cmの長さに切っておく。タレの材料を合わせておく。

2 鍋を中火で2〜3分温めたらいったん火を止め、さやいんげんと水を入れ、ふたをして弱火で3〜4分加熱する。

3 タレと和える。

さや豆のサラダ タヒニソース和え

中東の定番ソース、タヒニソース。
焼きなすのペーストがおいしさ増幅。

材料

- スナップえんどう……… 80g
- さやいんげん……… 80g
- なす……… 2個
- 塩……… 適宜
- 水……… 大さじ1

《ソース》
- 練りごま（白）……… 大さじ2
- にんにく（すりおろし）……… 1片
- レモン汁……… 大さじ1
- 塩……… 小さじ1/2
- 水……… 小さじ1

つくりかた

1. スナップえんどうとさやいんげんは洗って筋があれば取り、さやいんげんは3cmの長さに切っておく。ソースの材料を合わせておく。

2. グリルでなすを黒く焦げ目がつくまで焼いたら、皮をむいて包丁で叩き、軽く塩で味を調えて、ソースと混ぜる。

3. 鍋を中火で2〜3分温めたらいったん火を止め、スナップえんどうを入れ、ふたをして弱火で3分加熱し、取り出す。次に鍋にさやいんげんと水を入れ、3〜4分加熱したら、スナップえんどうと一緒に2で和える。

豆のおやつ

緑豆餡入り焼きりんご

餡を詰めたりんごを、
まるごと焼いた嬉しいおやつ。
りんごはほどよく酸味のある
紅玉がおすすめ。
豆の餡はどの餡でも合います。

材料　2個分

緑豆餡（92ページ参照）……… 80g
りんご……… 小2個
有塩バター……… 20g
シナモンパウダー……… 小さじ2/3 ＋仕上げ用

《 お好み 》
アイスクリーム……… 適宜
メープルシロップ……… 適宜

つくりかた

1 りんごを高さ1cmくらい残して芯をくり抜き（直径4cm）、くり抜いたところにシナモンパウダー、緑豆餡、バターの順に詰める。オーブンを220℃に予熱しておく。

2 鍋に1のりんごを並べ、ふたをせずにオーブンで40〜50分焼く。

3 シナモンパウダーをふりかける。お好みでアイスクリームやメープルシロップを添える。

ふんわり豆ケーキ

卵の味がするふわっふわのケーキに
豆の甘煮をトッピング。
メレンゲをさっくり混ぜるのが
ポイントです。

材料

- 卵白……… 2個
- 卵黄……… 2個
- 薄力粉……… 100g
- ベーキングパウダー……… 小さじ1
- 牛乳……… 120g
- グラニュー糖……… 20g

《ホイップクリーム》
- 生クリーム……… 120g
- 砂糖……… 大さじ1

《トッピング》
- 紫花豆の甘煮 (23ページ参照) ……… 120g

つくりかた

1. 鍋にクッキングシートを敷いておく。薄力粉とベーキングパウダーを混ぜてふるっておく。

2. 卵黄、1の薄力粉、牛乳を混ぜ合わせる。

3. メレンゲをつくる。卵白にグラニュー糖を3回くらいに分けて加え、角が立つくらいまで混ぜる。

4. 2にメレンゲをさっくり混ぜる（ややメレンゲが残るくらい）。

5. 鍋を中火で2分予熱したら、4を落とし、ふたをして中火で3分加熱後、極弱火で10分加熱し、火を止めて5〜6分おいたらケーキを取り出す。

6. 生クリームに砂糖を加え、なめらかなクリーム状になるまでホイップしておく。ケーキが冷めてから切り分け、器に盛って生クリーム、豆の甘煮を添える。

豆パイ

しっとりタイプのドライいちじくと黒豆煮を敷き詰めた贅沢パイ。クリームチーズと合わせたさっぱりとした大人の味です。生のフルーツでつくる場合は底にグラノーラなどを敷くとよいです。

材料

- 黒豆の甘煮 (24ページ参照) ……… 120g
- クリームチーズ ……… 50g
- セミドライいちじく ……… 8個
- シナモンパウダー ……… 適宜
- クローブパウダー ……… 適宜
- パイシート ……… 1枚
- メープルシロップ (お好み) ……… 適宜

つくりかた

1 いちじくは縦半分に切っておく。鍋に合わせてクッキングシートを敷く。オーブンを200℃に予熱しておく。クリームチーズは常温でやわらかくしておく。

2 パイシートをめん棒で2mmくらいの厚さにのばしてフォークで空気穴をあけ、クリームチーズを塗ったら鍋に広げ入れる。いちじく、黒豆の順にのせて、オーブンで20分焼く。

3 鍋から取り出し、シナモンパウダー、クローブパウダーをふる。お好みでメープルシロップをかける。

豆のおやつ

フルーツグラタン

材料

紫花豆の甘煮（23ページ参照）
　……… 150g
りんご（皮つき、厚さ1cmの櫛形）
　……… 1個
オレンジ
　（皮をむいてひと房ずつ分ける）
　……… 1/2個
パイナップル（大きめの一口大）
　……… 100g
ブルーベリー……… 10粒
カシューナッツ……… 30g
グラノーラ……… 30g
バニラエッセンス……… 適宜
粉砂糖……… 適宜

A ┌ 牛乳……… 200ml
　│ 砂糖……… 大さじ4
　│ 生クリーム……… 150ml
　│ 葛粉（同量の水で溶く）
　│ 　……… 大さじ1
　└ 粉寒天……… 小さじ1

つくりかた

1 紫花豆の甘煮はトッピング用50gを別にしておく。鍋にクッキングシートを敷いておく。オーブンは200℃に予熱しておく。

2 片手鍋にAを混ぜ合わせたら、トロミがつくまで中火にかける。粗熱が取れたらバニラエッセンスを入れる。

3 鍋にグラノーラ、豆、カシューナッツ、フルーツの順に入れ、２を注ぎ、オーブンで15〜20分加熱する。

4 冷めたら、トッピング用の豆をのせ、粉砂糖をふりかける。

お好きなフルーツと、
豆の甘煮の活用法のひとつ。
オーブンから出したら鍋ごと食卓へ。
パーティー料理の一品に最適です。

黒豆プディング

ポイントは鍋をしっかり温め、最初の中火で勢いよく蒸らすこと。トロリとした黒豆の煮汁はシロップにぴったりです。

材料 口径5.7cm 容量90ml 5個分

黒豆の甘煮（24ページ参照）……… 150g

《黒豆シロップ》
黒豆の甘煮汁……… 60ml
砂糖……… 30g

A
- 卵……… 1個
- 卵黄……… 4個
- 砂糖……… 50g
- 牛乳……… 200ml
- バニラエッセンス……… 少々

シナモンパウダー（お好み）……… 少々

つくりかた

1 《シロップをつくる》
小さめの鍋に黒豆の甘煮汁、砂糖を入れトロリとするまで火を入れる。

2 ボウルにAの材料を混ぜ合わせたら、漉しておく。カップに豆（トッピング分を少し残しておく）、Aの順に入れ、ゆるくラップをかける。

3 鍋に150mlの水（分量外）を入れ、クッキングシートを敷き、ふたをして中火にかける。蒸気が上がったら、いったん火を止め、カップを入れる。ふたをして中火で1分加熱後、弱火で3分、火を止めそのまま15分蒸らす。

4 冷めたら、1のシロップをかけ、トッピングの豆をのせ、お好みでシナモンパウダーをふる。

豆のおやつ

ばたばた焼き

北海道の道東農家の郷土食。
もっちりしたやさしい甘みのおやつです。
煮崩れするほど煮込んだ金時豆の甘煮と、
末粉でんぷん（片栗粉）でつくります。
冷めるとかたくなるのでできたてアツアツを
ハフハフと食べましょう。

材料

金時豆の甘煮（23ページ参照）
……… 180g
片栗粉……… 100g
金時豆の甘煮汁……… 適宜（60～100ml）
熱湯（沸騰したて）……… 50～70ml
塩……… 小さじ1/2
砂糖……… 適宜

末粉でんぷん

本来のばたばた焼きはこの、末粉でんぷんでつくります。通常の片栗粉との違いは、70～80℃の低温でじっくり乾燥させているためでんぷんの粒子が大きいこと。粘り気とコシが強く、食感はもちもちします。片栗粉でも代用できますが、もっちりした食感を楽しむなら末粉でんぷんをおすすめします。

ⓐ

ⓑ

ⓒ

ⓓ

ⓔ

Point! 水分が粉全体にゆきわたって、コ・キ・コ・キ・とかたい状態に。

つくりかた

1 生地をつくる。
片栗粉に煮汁を入れ、混ぜる。ⓐ → ⓑ
粉が煮汁を吸ってコ・キ・コ・キ・した状態になるように。

2 煮豆を加えて混ぜる。ⓒ → ⓓ

3 熱湯を注ぎ、手早くかき混ぜる。塩を加える。
甘さが足りないときはここで砂糖を足す。ⓔ
へらですくって落としたときに、ぽったりと形が残るくらいが目安。ⓕ

ⓕ

4 フッ素樹脂加工のフライパンを熱し、生地を直径5〜6cmの丸い形に流し入れて焼く。ⓖ

まわりがうっすら透明になってきたらひっくり返す。焼き目がつくまで両面焼く。

※フッ素樹脂加工でないフライパンの場合は油を薄くひきます。

ⓖ

豆のおやつ

お豆ぎっしり蒸しパン

塩茹での豆でも、甘い煮豆でも、
どちらでつくっても蒸しパンにぴったり。
えんどう豆や金時豆など、
いろんなお豆で試してみて。

材料　口径5cmのプリン型 4個分
- 紫花豆（乾燥）……… 30g
- 薄力粉……… 55g
- ベーキングパウダー……… 小さじ1 + 1/4
- 砂糖……… 大さじ1
- 塩……… ひとつまみ
- A ┌ 水……… 50ml
　　└ 植物油……… 小さじ1
- 植物油……… 適宜

つくりかた

1. 豆は塩茹でしておく。鍋にクッキングシートを敷き、高さ2cmくらいまで水（分量外）を張り、沸かしておく。鍋のふたを布巾で包んでおく。プリン型に油を塗り、紙カップを敷いておく。

2. ボウルに薄力粉とベーキングパウダーをふるい入れ、砂糖、塩を混ぜる。次にA、豆を入れ、さっくり切るように混ぜる。

3. 2を型に入れる。

4. 沸騰した鍋に入れ、ふたをして中火で10分蒸す。

5. 蒸し上がったら、型からはずし、冷ます。

小豆餡のガトーショコラ

甘みは小豆餡とチョコレートだけ。
オーブンは使いません。
できたては中がトロリとしていますが、
冷蔵庫で冷やすとしっとりします。

材料

小豆餡……… 200g
　（つぶ餡、86ページ参照）
製菓用チョコレート……… 200g
卵黄……… 4個
卵白……… 4個

つくりかた

1　チョコレートを湯煎で溶かしておく。鍋にクッキングシートを敷いておく。

2　溶かしたチョコレートに、卵黄、小豆餡を加え混ぜる。

3　メレンゲをつくる。卵白を角が立つくらいまで泡立てる。

4　2にメレンゲをさっくり混ぜる。

5　鍋にふたをして中火で2分予熱したら、4を注ぎ、再びふたをして弱火で14分加熱する。鍋から取り出し、粗熱が取れたら冷蔵庫で冷やしてから切りわける。

餡（あん）

つぶ餡

小豆は戻さないで
水から一気に茹で上げていきます。
やわらかくなったら、
砂糖を加えて練るだけです。
かたさも甘さも
確認しながらつくれば失敗なし！

材料 でき上がり 約280g 分
- 小豆（乾燥）……… 100g
- 砂糖……… 30g
- 塩……… ひとつまみ
- 水……… 豆の6倍

つくりかた

1. 小豆をさっと洗い、鍋に水と豆を入れ中火にかける。

2. 沸騰したら、弱火にし、やわらかくなるまで40〜50分茹でる。指でつまんでつぶれるくらいまで茹でる。水が足りなくなったら差し水をする。

※渋切りをする場合は、沸騰してから中火で2〜3分加熱してから茹で汁を捨て、新たに水を加えて点火します。

ⓑ

ⓒ

ⓓ

ⓔ

3 ひたひたになるくらいまで湯をきる。砂糖を入れる前に少しつぶしておく。ⓑ

4 砂糖を加え、中火〜弱火（ジリジリという音が聞こえるくらいの温度）で、つやが出てくるまで練る。ⓒ → ⓓ

5 へらですくうと跡が残るやわらかさになったら、火を止めて、塩を加えひと混ぜする。冷めるとかたくなるのでやわらかめで火を止める。ⓔ

6 バットか皿にとり、冷ます。

注! 甘めにするなら豆：砂糖を1：1に。薄甘にするなら1：0.6〜0.8に。甘さを控えめにすると日持ちがしません。いずれにしても冷蔵で1週間、冷凍で1か月を目安に食べきりましょう。

Point! 餡が冷めてかたくなりすぎた場合は、水を加えてのばし、もう一度加熱すれば大丈夫です。

小豆のQ&A

●なぜ小豆は戻さずに調理するの？

小豆は皮から水を吸わず、へそ（種瘤）からしか吸水しないため、浸水すると皮の吸水ムラが生じて、煮えムラの原因になるからです。戻さずに一気に茹でましょう。

●「渋きり」ってなに？

小豆に含まれるえぐみや渋みが気になる場合に、茹で汁を捨てて、新しく水を替えて茹でるやりかたです。渋切りをするかしないかはお好みです。茹で汁には栄養成分が含まれているので、なるべく活用しましょう（18ページ参照）。

●煮えムラの、原因と解決策は？

原因①
時間の経過（古い豆）によって、へそ（種瘤）が乾燥してかたくなっている。

▼ 解決法は……
通常よりも長い時間かけて茹でましょう。

原因②
小豆が休眠状態（石豆）になっている。

▼ 解決法は……
へそに軽く衝撃を与えます。缶などに入れてシャカシャカふってから茹でましょう。

●古い小豆はお湯で戻すとよい？

浸水温度と煮え方に相関関係はありませんが、お湯の方が吸水時間は早まります。

こし餡

漉したり水にさらしたりと、
ちょっと手間のかかるこし餡づくりですが、
なめらかな舌触りと上品な味わいに
でき上がると達成感があります。

材料　でき上がり 約200g 分
小豆 (乾燥)……… 100g
砂糖……… 80g
塩……… ひとつまみ
水……… 豆の 6 倍

《 必要備品 》
ふつうのざると粉ふるい用のざる…各 1
大きなボウルか鍋… 2
大判さらし…1

つくりかた

1 〜 **2** は「つぶ餡」と同様 (86 ページ参照)。

3 大きなボウルにざるをセットして、茹で上がった小豆をあけ、ざるの中の小豆を裏ごしする要領で、小豆のでんぷん質をこそげ取るようにへらで丁寧につぶす。水に沈殿したでんぷん質が「餡」になる。ざるに残った皮は捨てる。ⓐ → ⓑ

4 ③のボウルの八分目くらいまで水（分量外）を加え、別の大きなボウルに粉ふるい用のざるをセットし、静かに流し入れる。ⓒ　ボウルの底にでんぷん質が沈殿していることを確認して、上澄みの水を捨てたら、ざるに残ったでんぷん質をボウルに戻す。

ⓐ

ⓑ

Point! 小豆の皮の中のでんぷん質をこそげとるようにつぶすこと。

ⓒ

ⓓ

ⓔ

ⓕ

5 ④の工程を1〜2回繰り返す。

6 生餡(砂糖を加える前の豆の餡)をつくる。別のボウルにざるを置き、その上にさらしを敷き、⑤を漉して、かたく絞る。ⓓ→ⓔ

注! 目の粗い布巾だと、でんぷん質が出てしまうので、さらしがおすすめです。

7 鍋にあけ、砂糖と水50ml(分量外)を加え、中火で一気に練る(冷めるとかたくなるので、へらですくうと跡が残るくらいのやわらかさが目安)。ⓕ→ⓖ

注! 練るとき、餡がはねるので注意しましょう。

8 火を止め、塩を加えひと混ぜする。

9 バットか皿にとり、冷ます。

※冷蔵で1週間、冷凍で1か月を目安に食べきりましょう。

ⓖ

餡(あん)

甘くない餡

日本では砂糖が高価な時代、餡こも塩でつくったそうですが、
グアテマラ、ベネズエラ、ブラジルなど
中南米では、今でも、いんげん豆で塩味の餡こをつくり常備、
毎食主食に付け合わせて食べます。
チリペッパーなどスパイスのきいた餡こが食欲をそそります。

塩小豆餡

バターやチーズとともに
餡ペーストとしてお酒のおつまみに。
甘めの食材と和えて、
お弁当の箸休めなんかにもいい。

材料

小豆（乾燥）……… 100g
塩……… 小さじ 1/4
こしょう……… 適宜
水……… 豆の 6 倍

《お好み》
クラッカー……… 適宜
クリームチーズ……… 適宜

つくりかた

1〜2 は「つぶ餡」と同様（86 ページ参照）。

3 ひたひたになるくらいまで湯をきり、熱いうちに木べらでつぶす。

4 再び中火で水分を飛ばす程度に練ったら、火を止め、塩、こしょうを加えてひと混ぜする。

小豆餡クミン風味

豆とクミン、バターのコンビネーションは
インド、ネパールでは定番です。
クミンは味つけの必須スパイスとされ、
日本の醤油的存在かもしれません。

材料

小豆（乾燥）……… 100g
バター……… 20g
クミンシード……… 小さじ 1/2
塩……… 小さじ 1/4
水……… 豆の 6 倍

つくりかた

1〜2 は「つぶ餡」と同様（86 ページ参照）。

3 ひたひたになるくらいまで湯をきり、熱いうちに木べらでつぶす。

4 フライパンを熱してバターを溶かし、クミンを加え、色づいたら3にあける。

5 再び中火で水分を飛ばす程度に練ったら、火を止め、塩を加えてひと混ぜする。

小豆餡クミン風味

塩小豆餡

餡(あん)

かわり餡

どの豆でも、
もちろんおいしい餡ができます。

 練るとき、餡がはねるので注意。

洋風小豆餡

材料
小豆（乾燥）……… 100g
砂糖……… 70g
オレンジピール……… 20g
ブランデーかリキュール……… 小さじ1
水……… 豆の6倍

《お好み》
ベーグル……… 適宜
バター……… 適宜

つくりかた
1～2 は「つぶ餡」と同様（86ページ参照）。

3 ひたひたになるくらいまで湯をきり、熱いうちに木べらでつぶす。

4 砂糖と水50ml(分量外)を加え、中火で一気に練る（冷めるとかたくなるので、へらですくうと跡が残るやわらかさが目安）。最後にオレンジピールを加え混ぜる。

5 冷めたら、ブランデーを加えてひと混ぜする。

緑豆餡

材料
緑豆（皮なし、乾燥）……… 100g
砂糖……… 80g　　塩……… ひとつまみ
水……… 豆の4倍

つくりかた
1 緑豆は軽く洗い、鍋に水とともに入れてふたをし、中火にかける。沸騰したら弱火でやわらかくなるまで10～15分茹でる。途中吹きこぼれそうになったら、少しふたをずらす。

2 ひたひたになるくらいまで湯をきり、熱いうちに木べらでつぶす。

3 砂糖を加え、中火で一気に練る（冷めるとかたくなるので、へらですくうと跡が残るやわらかさが目安）。

4 火を止め、塩を加えてひと混ぜする。

手亡餡

材料
手亡（乾燥）……… 100g
砂糖……… 80g　　塩……… ひとつまみ
水……… 豆の4倍

つくりかた
1 手亡はやわらかめに茹でる。

2 ひたひたになるくらいまで湯をきり、熱いうちに木べらでつぶす。

3 砂糖と水50ml(分量外)を加え、中火で一気に練る（冷めるとかたくなるので、へらですくうと跡が残るやわらかさが目安）。

4 火を止め、塩を加えてひと混ぜする。

ちょっぴりリキュールが入った
大人の小豆餡。
パンケーキやアイスに添えたりして
オシャレにどうぞ。

東南アジアの餡こといえば
ムングダル（皮なし緑豆）餡。
ベトナムではムングダルでつくる
落雁のような菓子があります。
つくりかたは小豆餡と同様に
水から一気に煮ていきます。
皮なしなので小豆よりも
早く煮えて、使い勝手がよいです。

緑豆餡

洋風小豆餡

手亡餡

根強いファンが多い、
いわゆる白餡（しろあん）です。
日本の白餡のほとんどは
手亡が材料ですが、
高級白餡では大福豆、
白小豆の餡もあります。

餡（あん）

小豆バー

ヨーグルトで酸味をつけた、さっぱり系の小豆アイス。餡こが残ったときにも使えるおすすめレシピです。

材料

- 小豆（乾燥）……… 100g
- メープルシロップ……… 70g
- 練乳……… 60g
- ヨーグルト……… 150ml
- 豆乳……… 50ml
- 水……… 豆の6倍

つくりかた

1～2 は「つぶ餡」と同様（86ページ参照）。

3 湯をきり、熱いうちに木べらでつぶす。

4 ③にメープルシロップ、練乳、ヨーグルト、豆乳を加え混ぜる。

5 型に入れて冷凍庫で冷やし固める。

豆豆かき氷

暑い日には冷たいかき氷と豆で体をクールダウン。
豆の甘煮汁を煮詰めると
滋養あるおいしいシロップになります。

材料
- 手亡餡（92ページ参照）……… 100g
- 緑豆餡（92ページ参照）……… 100g
- 黒豆の甘煮（24ページ参照）……… 80g
- 赤えんどう豆の塩茹で……… 80g
  - 氷……… 適宜
  - いちご……… 4個
  - ブルーベリー……… 80g

《シロップ》
黒豆の甘煮汁……… 120ml
砂糖……… 大さじ2

つくりかた

1 黒豆の甘煮汁に砂糖を加え、トロリとするまで煮詰める。

2 すべての材料をかき氷を入れた器に盛り、シロップをかけて食べる。

餡（あん）

べにや長谷川商店のお豆 取り扱い店 順不同

お取り扱い種類、時期など詳細は直接お店にお問い合わせください。

くるみの木　cage
奈良県奈良市法蓮町 567-1　TEL:0742-20-1480

まちのシューレ 963
香川県高松市丸亀町 13-3 丸亀町参番街東館 2F　TEL:087-800-7888

ぶどうのたね　隣りの売店
福岡県うきは市浮羽町流川 333-1　TEL:0943-77-8667

新鮮多菜カフェ＆レストラン にんじん　店内オーガニックショップ
愛知県名古屋市緑区南大高 2-204　南生協病院敷地内　TEL:052-629-7271

ナチュラル＆ハーモニック　ピュアリィ
熊本県熊本市中央区中唐人町 15　TEL:096-323-1551

ナチュラル＆ハーモニック　プランツ
神奈川県横浜市都筑区中川中央 1-25-1 ノースポート・モール B2
TEL:045-914-7505　（ナチュラル・ハーモニー各店も取扱いあり）

ボランオーガニックフーズデリバリ　POD-KIVA　青梅店
東京都青梅市河辺町 10-3-11　TEL:0428-24-6089

ボランオーガニックフーズデリバリ　POD-KIVA　つくば店
茨城県つくば市西大橋 272-5　TEL:029-861-8839

神楽坂 八百屋瑞花
東京都新宿区神楽坂 6-8-27 シゾン神楽坂 1F
TEL:03-6457-5165　（ヤオヤスイカ横浜西口店も取扱いあり）

Cafe 自分発芽
新潟県新潟市中央区米山 1-8-26　TEL:025-246-9395

未来食ショップ つぶつぶ
愛媛県松山市南江戸 4-8-28　TEL:089-908-8842

F&F　自由が丘店
東京都目黒区自由が丘 1-9-8　TEL:03-5731-5966　（F&F 各店取扱いあり）

自然村
東京都練馬区関町北 2-33-12　TEL:03-5927-7787

大地を守る会
https://takuhai.daichi-m.co.jp/
お問い合わせ先 TEL:0120-158-183
（受付時間：月〜金 9:00 〜 17:00 / 土 9:00 〜 13:00）

ろばの家
茨城県つくば市天久保 2-11-1 コーポりぶる 1F　TEL:050-3512-0605

オホーツク・テロワールの店
北海道網走郡美幌町三橋南 3-1 コープさっぽろ美幌店内　TEL:0152-73-3637

器とその周辺　山椒
北海道川上郡弟子屈町湯の島 3-3-25　TEL:015-482-2666

雑穀屋　やま元
大阪府大阪市天王寺区玉造元町 2-16 1F　TEL:06-7894-3259

NATURAL MARKET IKO
広島県福山市木之庄町 3-3-5　TEL:084-959-6677

福島屋六本木店
東京都港区六本木 1-4-5 アークヒルズサウスタワー B1
TEL:03-6441-3961　（福島屋各店取扱いあり）

Staff
撮影：広瀬貴子
スタイリング：中里真理子
ブックデザイン：鈴木みのり
イラスト：登石えらん
編集：登石木綿子

料理制作アシスタント：石塚由香・宮寺博美

撮影協力
バーミキュラ / 愛知ドビー株式会社
https://www.vermicular.jp
バーミキュラ コールセンター
TEL:052-353-5333
電話受付時間
月〜金 9:00 〜 12:00、13:00 〜 17:00
infomail@vermicular.jp

「バーミキュラ」で豆料理

発行日　2019 年 4 月 25 日 第 1 刷

著者　べにや長谷川商店
発行人　井上 肇
編集　堀江由美
発行所　株式会社パルコ
　　　　エンタテインメント事業部
　　　　東京都渋谷区宇田川町 15-1
　　　　03-3477-5755
　　　　https://publishing.parco.jp

印刷・製本　株式会社 加藤文明社

©2019 beniya hasegawa shouten
©2019 PARCO CO., LTD.

無断転載禁止
ISBN978-4-86506-296-0 C2077
Printed in Japan

免責事項
本書のレシピについては万全を期しておりますが、万が一、けがややけど、機械の破損・損傷などが生じた場合でも、著者および発行所は一切の責任を負いません。

落丁本・乱丁本は購入書店名を明記のうえ、小社編集部あてにお送りください。送料小社負担にてお取り替え致します。

〒 150-0045 東京都渋谷区神泉町 8-16
渋谷ファーストプレイス
パルコ出版　編集部